Mutig werden mit Til Tiger

Mutig werden mit Til Tiger

Ein Ratgeber für Eltern, Erzieher und
Lehrer von schüchternen Kindern

von

Sabine Ahrens-Eipper
und Katrin Nelius

HOGREFE

GÖTTINGEN · BERN · WIEN · PARIS · OXFORD · PRAG
TORONTO · CAMBRIDGE, MA · AMSTERDAM · KOPENHAGEN

Dr. Sabine Ahrens-Eipper, geb. 1972. Psychologische Psychotherapeutin (Verhaltenstherapie) und seit 2006 in eigener Praxis in Halle tätig.

Dipl.-Sozialpäd. Katrin Nelius, geb. 1969. In Ausbildung zur Kinder- und Jugendlichenpsychotherapeutin (Verhaltenstherapie) und seit 2005 als Trainerin und Mediatorin in Halle tätig.

Weitere Informationen finden Sie unter www.til-tiger-training.de

Wichtiger Hinweis: Der Verlag hat für die Wiedergabe aller in diesem Buch enthaltenen Informationen (Programme, Verfahren, Mengen, Dosierungen, Applikationen etc.) mit Autoren bzw. Herausgebern große Mühe darauf verwandt, diese Angaben genau entsprechend dem Wissensstand bei Fertigstellung des Werkes abzudrucken. Trotz sorgfältiger Manuskriptherstellung und Korrektur des Satzes können Fehler nicht ganz ausgeschlossen werden. Autoren bzw. Herausgeber und Verlag übernehmen infolgedessen keine Verantwortung und keine daraus folgende oder sonstige Haftung, die auf irgendeine Art aus der Benutzung der in dem Werk enthaltenen Informationen oder Teilen davon entsteht. Geschützte Warennamen (Warenzeichen) werden nicht besonders kenntlich gemacht. Aus dem Fehlen eines solchen Hinweises kann also nicht geschlossen werden, dass es sich um einen freien Warennamen handele.

> **Bibliografische Information der Deutschen Nationalbibliothek**
>
> Die Deutsche Nationalbibliothek verzeichnet diese Publikation in der Deutschen Nationalbibliografie; detaillierte bibliografische Daten sind im Internet über http://dnb.d-nb.de abrufbar.

© 2009 Hogrefe Verlag GmbH & Co. KG
Göttingen · Bern · Wien · Paris · Oxford · Prag
Toronto · Cambridge, MA · Amsterdam · Kopenhagen
Rohnsweg 25, 37085 Göttingen

http://www.hogrefe.de
Aktuelle Informationen · Weitere Titel zum Thema · Ergänzende Materialien

Das Werk einschließlich aller seiner Teile ist urheberrechtlich geschützt. Jede Verwertung außerhalb der engen Grenzen des Urheberrechtsgesetzes ist ohne Zustimmung des Verlages unzulässig und strafbar. Das gilt insbesondere für Vervielfältigungen, Übersetzungen, Mikroverfilmungen und die Einspeicherung und Verarbeitung in elektronischen Systemen.

Illustration Til Tiger: Uwe Ahrens
Umschlagabbildung: K. Nelius
Satz: Grafik-Design Fischer, Weimar
Gesamtherstellung: AZ Druck und Datentechnik GmbH, Kempten/Allgäu
Printed in Germany
Auf säurefreiem Papier gedruckt

ISBN 978-3-8017-2202-9

Inhaltsverzeichnis

1	**Einführung**	7
1.1	Soziale Unsicherheit hat viele Gesichter	7
1.2	Ziel und Aufbau des Ratgebers	9
2	**Normale Ängste im Kindesalter**	12
2.1	Normale Ängste, die wir alle in uns tragen	12
2.2	Normale Ängste, die zur Entwicklung gehören	12
2.3	Normale Ängste, die kulturell bedingt sind	15
2.4	Fernsehen und Kinderängste	16
2.5	Was können Sie als Eltern tun, wenn normale/kulturell bedingte Ängste auftreten?	18
3	**Folgen der sozialen Unsicherheit/Schüchternheit**	21
3.1	Erscheinungsbild	21
3.2	Umgang mit anderen	21
3.3	Umgang mit sich selbst und den eigenen Fähigkeiten	23
3.4	Umgang mit Konflikten und Herausforderungen	24
3.5	Schulleistungen	25
4	**Diagnosen und Störungsbilder**	27
4.1	Angststörungen	27
4.2	Sprachstörungen, Sprachhemmung und (s)elektiver Mutismus	30
4.3	Häufigkeit von Ängsten und Angststörungen im Kindesalter	31
4.4	Woher weiß ich, ob bei meinem Kind eine psychische Störung vorliegt?	31
4.5	Psychotherapie	31
5	**Erklärungsmodelle – Wie kommt es zu den Ängsten?**	34
5.1	Überblick	34
5.2	Entstehungsmodell von Ängsten am Beispiel einer Pflanze	35
5.3	Mögliche vorausgehende Bedingungen (Erde)	40
5.4	Mögliche Auslöser (Samenkorn)	43
5.5	Mögliche aufrechterhaltende Bedingungen (Sonne und Regen)	45
5.6	Mögliches Erkärungsmodell für Ihr Kind	53

6	**Was tun? – Praktische Hilfen**	54
6.1	Einführung	54
6.2	Der 12-Punkte-Plan für Eltern	54
6.3	Etappenziele festlegen	56
6.4	Til Tiger, Eule und Co. – Helfer zum Mutigwerden	57
6.5	Die Wanderkarte	58
6.6	Elterntagebuch	59
6.7	Wie können Sie Ihr Kind im Alltag unterstützen?	60
6.8	Progressive Muskelentspannung	61
6.9	Teilnahme an einer Trainingsgruppe „Mutig werden mit Til Tiger"	64

Literatur 65

Anhang
Til Tiger 71
Vorlage Wanderkarte 121
Vorlage Elterntagebuch 122

1 Einführung

1.1 Soziale Unsicherheit hat viele Gesichter

Tom (11 Jahre) traut sich in der Schule nicht, sich zu melden, auch wenn er eine Antwort sicher weiß. An der Tafel fällt ihm vor Aufregung nichts ein.

Katja (5 Jahre) steht am Spielplatz immer nur am Rand. Durch nichts lässt sie sich dazu bewegen, mit den anderen Kindern zu rutschen und zu schaukeln.

Sven (7 Jahre) spielt lieber allein. Wenn er mit den Eltern befreundete Familien besucht, versteckt er sich hinter seiner Mutter und braucht sehr lange, bis er mit den anderen Kindern Kontakt aufnehmen kann.

Helena (10 Jahre) hat Neurodermitis. Sie geniert sich für die Flecken und Kratzspuren auf ihrer Haut, hat Angst, die anderen könnten sie „eklig" finden und zieht sich oft zurück.

Tina (9 Jahre) wird in der Schule seit einigen Wochen von ihrer bisher besten Freundin geschnitten. Die anderen Mädchen gehen ihr ebenfalls aus dem Weg. Sie ist seither häufig krank und möchte nicht mehr in die Schule gehen.

Markus (6 Jahre) ist zu Hause, lebhaft, fröhlich und spricht viel und gern. Sobald er mit anderen Kindern zusammen ist, wird er langsam, zurückhaltend, errötet schnell und spricht kaum.

Maren (5 Jahre) kann sich nicht von ihren Eltern trennen. Mit ihnen zusammen fühlt sie sich wohl, sobald sie in den Kindergarten soll oder die Eltern den Raum verlassen wollen, bricht sie in schreien und weinen aus. Sie kann andere Kinder nicht besuchen und jeglicher Kontakt mit anderen Personen wird von den Eltern angestoßen.

Philipp (8 Jahre) geht aufgrund einer Körperbehinderung an Krücken. Er geht nicht gerne auf Spielplätze oder zu Kinderveranstaltung, da er häufig Hänseleien ausgesetzt war. „Die sagen doch nur, kuck mal, da kommt wieder so ein Behinderter!"

Soziale Unsicherheit im Kindesalter kann die betroffenen Kinder in einer Vielzahl von Bereichen einschränken. Angst und Gehemmtheit in sozialen

Situationen führt dazu, dass die Kinder sich beispielsweise nicht trauen, vor der Klasse etwas zu sagen, alleine zur Schule zu gehen, bei anderen zu spielen oder Kontakt aufzunehmen.

Schüchternheit und soziale Ängste führen mit der Zeit häufig zu einem geminderten Selbstwert und einem stark eingeschränkten Handlungsspielraum: Die Kinder trauen sich vieles nicht zu, was in ihrem Alter normal und entwicklungsentsprechend wäre. Dinge, die für andere Kinder selbstverständlich sind, wie z. B. ein anderes Kind zum Spielen einzuladen, zu telefonieren, etwas vor einer Gruppe zu tun, ein Spiel vorzuschlagen, stellen für ein ängstliches Kind eine sehr große Herausforderung dar und können zu einer fast unüberwindbaren Hürde werden. Häufig werden altersgemäße Kompetenzen nicht oder nur unzureichend aufgebaut oder Fertigkeiten, die die Kinder schon beherrscht haben, werden nicht geübt und verkümmern.

Wenn ein Kind beginnt, sich zurückzuziehen und soziale Situationen zu vermeiden, gerät es in einen ungünstigen Kreislauf: Das Kind wird mit hoher Wahrscheinlichkeit zunehmend mehr vermeiden und sich immer weniger zutrauen. So verstärkt sich der soziale Rückzug der Kinder nach und nach und wirkt sich auf das Selbstbild und die Zufriedenheit der Kinder aus.

Die Forschung der letzten Jahre zeigt, dass soziale Unsicherheit und Ängste im Kindesalter nicht nur für die Kinder und deren Familien sehr belastend sind, sondern zusätzlich noch die Wahrscheinlichkeit erhöhen, dass das Kind später erhebliche psychische Beschwerden wie Angststörungen oder Depression entwickelt.

Sie als Eltern können dazu beitragen, dass die Entwicklung Ihres Kindes in günstigere Bahnen gelenkt wird. Wir möchten Sie mit diesem Ratgeber dabei unterstützen. Kein Kind muss mit sozialen Ängsten aufwachsen. Manchmal sind es nur kleine Veränderungen im Alltag eines Kindes, welche ihm neuen Mut geben und die Entwicklung des Selbstbewusstseins anstoßen können. Hin und wieder sind größere Veränderungen in Schule und Kindergarten, zu Hause oder im Umgang mit den Freunden vonnöten. Doch unabhängig davon, ob die notwendigen Veränderungen groß oder klein sind, müssen neue Verhaltensweisen mit Ausdauer trainiert werden, um zu Gewohnheiten und schließlich zu Selbstverständlichkeiten zu werden. Dabei möchten wir sie unterstützen und Sie ermutigen, Seite an Seite mit Ihrem Kind Neues zu entdecken und zu erproben.

1.2 Ziel und Aufbau des Ratgebers

Der Ratgeber richtet sich an Eltern und Bezugspersonen von Jungen und Mädchen im Alter zwischen drei und zwölf Jahren. Ziel dieses Ratgebers ist es, Ihnen Informationen über Schüchternheit und soziale Ängste im Kindesalter zu vermitteln und Hilfen bei der Unterstützung und Förderung der betroffenen Kinder zu geben.

Wir möchten Sie ermutigen, gemeinsam mit den Kindern Schritte zu mehr Selbstbewusstsein und Selbstständigkeit zu entwickeln und zu erproben. Gleichgültig, ob Ihr Kind nur ein wenig schüchtern oder in vielen Bereichen stark beeinträchtigt ist, in jedem Fall können Sie Ihr Kind beim Abbau der Ängste unterstützen.

Grundlage des Ratgebers

Grundlage dieses Ratgebers bilden unsere jahrelangen Erfahrungen aus der Arbeit mit sozial unsicheren Kindern und deren Eltern im Rahmen des Trainingsprogramm „Mutig werden mit Til Tiger". Das Training wird im deutschen Sprachraum an vielen Beratungsstellen, psychotherapeutischen Praxen, sozialpädiatrischen Zentren und Kinderschutzzentren angeboten. Informationen dazu finden Sie auf der Internetseite www.til-tiger-training.de. Ziel des verhaltenstherapeutischen Trainings ist es, sozial unsicheren Kindern mehr Selbstbewusstsein zu vermitteln. In zwei Einzelstunden und neun Gruppenstunden wird mit den Kindern selbstsicheres Verhalten praktisch geübt. Alltägliche Situationen, in denen die Kinder unsicher sind oder die ihnen Angst machen, werden besprochen und für diese Situationen werden praktische Handlungsstrategien vermittelt. Dabei werden schrittweise immer schwierigere Situationen gewählt und Bewältigungsstrategien mit den Kindern erarbeitet und eingeübt. Die in den Stunden neu erlernten Fertigkeiten sollen zu Hause und in anderen alltäglichen Situationen praktisch umgesetzt werden. Die Hauptfigur des Trainingsprogramms ist Til, ein schüchterner

Tiger, der sich viele Dinge nicht traut und sich gemeinsam mit den Kindern vornimmt, etwas Neues zu lernen und es auszuprobieren. Durch ihn werden den Kindern die Elemente des Trainingsprogramms vermittelt. Der Schwerpunkt der Intervention liegt gezielt auf praktischen Übungen und dem Verhaltensaufbau. Die Wirksamkeit dieses Trainingsprogramms wurde in einer kontrollierten Gruppenstudie nachgewiesen (Ahrens-Eipper & Leplow, 2004; Ahrens-Eipper, 2003).

Inzwischen wird das Training in vielen Städten der Bundesrepublik und auch in Österreich sowie in der Schweiz angeboten. Allein in Halle/Saale haben inzwischen weit über 300 Kinder an dem Trainingsprogramm teilgenommen. Bei der Entwicklung des Ratgebers konnten wir daher auf einen breiten Erfahrungsschatz im Umgang mit sozial unsicheren Kindern und mit den Fragen und Nöten von deren Eltern zurückgreifen.

Jedes Kind kann mutig werden

Das Besondere an diesem Elternratgeber ist eine neue Sichtweise auf sozial unsichere Kinder – also Ihren Kindern –, die wir Ihnen als Eltern gerne vermitteln möchten. Für die Kinder haben wir im Training einen schüchternen Tiger als Identifikationsfigur gewählt, denn ein Tiger kann auf jeden Fall mutig werden.

Wir möchten Sie auf eine Entdeckungsreise mit Ihrem Kind schicken, in deren Verlauf Sie erleben können, dass auch in Ihrem Kind ein kleiner Tiger steckt, der nur darauf wartet, mutig und selbstbewusst zu werden.

Der Schwerpunkt des Ratgebers liegt gezielt auf einem neuen und förderlichen Umgang mit Ihrem Kind vor, in und nach angstbesetzten Situationen. Wir haben viele Anregungen und Tipps für Sie, wie Sie in Alltags- und Krisensituationen vorgehen können, um diese gemeinsam mit dem Kind zu bewältigen.

Im Anhang des Ratgebers finden Sie die Geschichte „Mutig werden mit Til Tiger". Diese soll Ihnen einen Einblick in die Idee des Tigers vermitteln. Die Geschichte können Sie auch als Hörspiel-CD (ISBN 978-3-8017-1822-0) erwerben. Sie ist zur Unterstützung der Fortschritte Ihres Kindes empfehlenswert. Til Tiger dient den Kindern als Identifikationsfigur und Modell, er hilft ihnen, Ängste abzubauen und Selbstbewusstsein zu gewinnen. Ihr Kind erhält durch die Geschichte von Til Tiger als Buch oder CD viele Anregungen und Bestärkung zum mutig sein. Weiterhin kann Ihr Kind mithilfe dieses Ratgebers und der Begleit-CD die Progressive Muskelentspannung erlernen, die es dann selbstständig in alltäglichen Stresssituationen einsetzen kann.

Der Ratgeber im Überblick

In Kapitel 2 erläutern wir, welche Ängste häufig im Kindesalter anzutreffen sind, welche Ängste normal sind und zur normalen Entwicklung eines Kindes gehören. Kapitel 3 beschreibt die Folgen von sozialer Unsicherheit. Sie haben die Möglichkeit, diese Hinweise mit den Beobachtungen bei Ihrem Kind zu vergleichen und so erste Veränderungsziele festzulegen. In Kapitel 4 werden verschiedenen Störungsbilder geschildert, die mit sozialer Unsicherheit verwandt sind. Weiterhin erhalten Sie Informationen zur Psychotherapie und zur Psychotherapeutensuche. Im fünften Kapitel finden Sie wichtige Hinweise zur Entstehung von sozialen Ängsten. Das Erklärungsmodell können Sie individuell an Ihr Kind anpassen. Kapitel 6 bietet Ihnen zahlreiche Anregungen für den Umgang mit den Ängsten Ihres Kindes. Alltägliche Situationen, in denen Kinder unsicher sein können oder die ihnen Angst machen, werden beschrieben. Anschließend werden praktische Handlungsstrategien vorgestellt. Dabei legen wir großen Wert auf eine veränderte Sichtweise: Wir möchten Sie dabei unterstützen, Ihr Kind als kompetent und handlungsfähig zu betrachten und zu erleben. Wir sehen Sie als Eltern nicht in der Rolle eines Trainers oder Kotherapeuten. Wir möchten Sie in Ihrer Elternrolle bestärken, das heißt, Ihnen Anregungen liefern, wie Sie Ihr Kind bei der Entdeckung neuer Aktivitäten, Freunde und Erlebnisse unterstützen können. Zusätzlich können Sie ein Elterntagebuch einsetzen, mit dessen Hilfe Sie mutiges Verhalten im Blick haben und dessen Auftreten fördern können (vgl. Anhang, S. 122). Schließlich finden Sie im Anhang die Geschichte von Til Tiger zum Vorlesen.

Wenn in Ihrer Nähe unser Training für sozial unsicherer Kinder „Mutig werden mit Til Tiger" angeboten wird, sollten Sie sich diese Gelegenheit nicht entgehen lassen und sich über die Teilnahmemöglichkeiten informieren. Sie können diesen Ratgeber begleitend oder auch unabhängig von der Teilnahme an Trainingsprogrammen oder an einer Psychotherapie einsetzen. Wir wünschen Ihnen und Ihrem Kind viel Spaß und Entdeckerfreude bei der Erprobung unserer Vorschläge.

Halle, im August 2008   Sabine Ahrens-Eipper und Katrin Nelius

2 Normale Ängste im Kindesalter

2.1 Normale Ängste, die wir alle in uns tragen

Alle Kinder haben Ängste und diese haben eine wichtige Orientierungsfunktion. Sie dienen dem Selbstschutz und helfen, Gefahren aus dem Weg zu gehen. Angst ist ein Jahrtausende alter Schutzmechanismus. Nur diejenigen unserer Vorfahren, die Angst vor Höhen, Raubtieren, lauten Geräuschen, spitzen Gegenständen zum richtigen Zeitpunkt empfunden haben, wurden nicht gefressen bzw. sind nicht in Höhlen gestürzt, bevor sie dazu kamen, sich fortzupflanzen. Daher tragen wir alle als Erbe die Neigung zu bestimmten Ängsten in uns, die vor Jahrtausenden wichtig waren. Beispiele hierfür sind Höhenangst, Angst vor Schlangen, Angst im Dunkeln, Angst vor lauten Geräuschen und Angst vor Tieren mit großen Zähnen.

Gefahren der Neuzeit haben wir nicht so stark verinnerlicht. Ihnen wird sicher noch niemand mit einer Steckdosenphobie begegnet sein, obwohl es heutzutage viel wahrscheinlicher ist, durch eine Steckdose Schaden zu nehmen als durch eine Schlange.

> **Merke:**
> Wir brauchen Ängste, um Gefahren erkennen zu können und diesen aus dem Weg zu gehen. Auch Ihr Kind braucht ein gewisses Maß an Angst, beispielsweise um seine Hand nicht in das Maul eines knurrenden Hundes zu stecken, um nicht ohne zu schauen auf eine befahrene Straße zu laufen, oder um auf andere gefährliche Situationen aufmerksam zu werden.

2.2 Normale Ängste, die zur Entwicklung gehören

Es gibt in der Entwicklung eines Kindes für jede Altersstufe Ängste, die durchlebt und bewältigt werden sollten. Bereits im Säuglings- und Kleinkindalter treten Verlust- und Trennungsängste und die Angst vor Fremden in Erscheinung. Diese sollten sich im Laufe der Kindergartenzeit wieder legen. Während des zweiten bis fünften Lebensjahres tritt üblicherweise die Angst vor lauten Geräuschen, vor Tieren, der Dunkelheit und dem Alleinsein auf. Die Angst vor Gespenstern und Monstern ist typisch für das vierte bis sechste Lebensjahr. Diese Ängste sollten im Laufe der Grundschulzeit zurückgehen.

Ab dem siebten Jahr treten die Ängste vor der Schule, Versagensängste und Ängste vor Krankheiten in Erscheinung. In der Pubertät sind die Angst vor der körperlichen Veränderung und die Angst vor dem Erwachsenwerden verbreitet.

In Tabelle 1 finden Sie einen Überblick über alterstypische Ängste. Die Zusammenstellung ist einer Veröffentlichung von Frau Professor Schneider entnommen, einer in Europa führende Wissenschaftlerin zu Angststörungen im Kindes- und Jugendalters.

Tabelle 1: Alterstypische Ängste (Schneider, 2003, S. 10)

Alter	Quelle typischer Ängste
0–6 Monate	– Laute Geräusche – Verlust von Zuwendung – Intensive sensorische Reize (Kälte, Hitze, Schmerzen)
6–12 Monate	– Fremde Menschen – Trennung
2–4 Jahre	– Fantasiegestalten – Einbrecher – Dunkelheit
5–7 Jahre	– Naturkatastrophen (Feuer, Überschwemmung) – Verletzungen – Tiere – Medienbasierte Ängste (Ereignisse aus Fernsehen, Radio, Zeitung)
8–11 Jahre	– Schlechte schulische oder sportliche Leistung
12–18 Jahre	– Ablehnung durch Gleichaltrige

Ängste bei Kindern sind nicht immer leicht zu erkennen. Kinder reden häufig nicht gerne über ihre Ängste. „Angst-haben" ist nicht unbedingt sozial akzeptiert. Viele Kinder schämen sich, ihre Angst zuzugeben, weil sie das als Schwäche empfinden. Wir Erwachsenen müssen genau beobachten, um die Gefühlswelt der Kinder zu erkennen. Manche Kinder suchen sich Fantasiegestalten, um ihre Angst zu bewältigen. Einige Kinder erröten, zittern, haben Kopf- oder Bauchschmerzen oder sind körperlich angespannt. Kleinere Kinder beschreiben Angst häufiger eher unspezifisch mit „Bauchweh" oder „es geht mir nicht gut". Im Laufe der Entwicklung von Kindern treten einige Ängste auf, die sie durchleben und bewältigen müssen, um eine Entwicklungsstufe weiterzukommen. Das Auftreten dieser Ängste ist normal und kein Grund zur Sorge, so lange die Ängste die Kinder nicht überfordern und sie altersadäquat bewältigt werden können (vgl. Tabelle 2).

Tabelle 2: Entwicklungsstufe und die in dieser Stufe zu bewältigenden Ängste

Typische Entwicklungsstufe	In dieser Entwicklungsstufe zu bewältigende Ängste
im Alter von 1–3 Jahren	– Verlust- und Trennungsängste – Ängste vor Fremden
im Alter von 2–5 Jahren	– Angst vor lauten Geräuschen – Angst vor Tieren – Angst vor der Dunkelheit – Angst vor dem Alleinsein
im Alter von 4–6 Jahren	– Angst vor Gespenstern – Angst vor Monstern
im Alter von 7–10 Jahren	– Angst vor der Schule – Versagensängste – Angst vor Krankheiten
in der Pubertät	– Angst vor der körperlichen Veränderung – Angst vor dem Erwachsenwerden

> **Merke:**
> Ängste gehören zur Entwicklung des Kindes. Es ist wichtig, dass die Kinder diese Ängste erleben, durchleben und schließlich innerhalb der Altersstufe bewältigen. Dies gehört zu den Entwicklungsaufgaben des Kindes, deren erfolgreiche Bewältigung für eine gesunde Entwicklung notwendig ist.

> **Merke:**
> Ängste sind erst dann behandlungsbedürftig, wenn sie übermäßig stark ausgeprägt sind, über mehrere Monate anhalten und das Kind in seiner normalen Entwicklung stören, es also an normalen Aktivitäten hindern oder das Kind traurig, einsam oder unglücklich machen.

2.3 Normale Ängste, die kulturell bedingt sind

In größeren Befragungen wird immer wieder erforscht, welche Ängste Kinder in unserer Gesellschaft bewegen. Diese Ängste sind durch Ereignisse wie den 11. September, Überschwemmungen wie im Jahre 2002 und allgemeine Entwicklungen wie die Arbeitslosigkeit mitgeprägt. 1999 lag noch die Angst vor einem Schicksalsschlag in der Familie auf Platz 1 der benannten Kinderängste. Die Ängste waren bis vor einigen Jahren in Ost und West stark unterschiedlich. In den neuen Bundesländern hatten die Kinder vor allem Angst

Tabelle 3: Kinder in West und Ost haben große Angst vor ... (Studie der R + V-Versicherung, 2006, befragt wurden 900 Kinder im Alter zwischen sechs und 14 Jahren)

Angst vor ...	West in %	Ost in %
Schicksalsschlag in der Familie	58	62
Sittlichkeitsverbrechen	51	58
schwerer Erkrankung/Tod	47	52
Unfall im Straßenverkehr	41	50
Arbeitslosigkeit und Geldnot in der Familie	40	49
Kriegsverwicklung Deutschlands	39	49
Umweltverschmutzung	41	40
Trennung der Eltern	39	48
Feuer/Brand zu Hause	38	45
Gewalt anderer Kinder in Schule und Freizeit	38	43
schlechten Schulnoten	38	40
Aussterben der Tiere	37	38
Gewalt von Eltern	35	40
Fahrradklau	34	42
Ausschluss aus der Gruppe	34	37
Probleme durch Ausländer	21	29

vor Arbeitslosigkeit und Geldnot in der Familie sowie vor Krieg. Diese Ängste standen dagegen bei Kindern in den alten Bundesländern weiter hinten. In den letzten Jahren passten sich die Kinderängste in Ost und West mehr und mehr an, wie Tabelle 3 aufzeigt.

Die oben benannten Themen zeigen Ängste auf, mit denen sich Kinder heutzutage konfrontiert sehen und auseinandersetzen müssen. Wichtig ist hierbei, dass diese Auseinandersetzung altersangemessen geschieht.

> **Merke:**
>
> Als Eltern können Sie die benannten Themen oder Bedrohungen unserer Zeit nicht vollkommen aus dem Leben Ihres Kindes fernhalten, aber Sie können dafür sorgen, dass Ihr Kind altersgemäße Informationen erhält. Sie können es dabei unterstützen, die Informationen zu verstehen und zu verarbeiten, ohne in ständiger Angst leben zu müssen.

> **Merke:**
>
> Aus psychologischer Sicht empfehlen wir, dass Kinder im Alter von 0 bis 9 Jahren Nachrichten mit Toten, Attentaten, Überschwemmungen und Explosionen im Fernsehen nicht ansehen sollten. Dies überfordert die Kinder, sie können es nicht verarbeiten, mit hoher Wahrscheinlichkeit werden Ängste und Alpträume ausgelöst.

Es gibt für verschiedene Altersstufen Wissenssendungen und -bücher, in denen altersgemäß auch aktuelle Ereignisse erklärt werden (z. B. „Logo", „Wissen macht Ah", „Willi will's wissen", „Sesamstraße", „Löwenzahn", „Die Sendung mit der Maus" o. Ä.).

2.4 Fernsehen und Kinderängste

97 % der 3- bis 13-Jährigen sehen regelmäßig fern. Fernsehen an sich ist weder förderlich noch schädlich, wie bei den meisten Dingen kommt es darauf an, was in welcher Menge und unter welchen Bedingungen konsumiert wird. Zu viel fernsehen beeinträchtigt das Konzentrationsvermögen, exzessiver Fernsehkonsum wirkt sich negativ auf die Schulleistungen und die Schullaufbahn aus.

Daher sollten Sie als Eltern im Blick haben, was und wie viel die Kinder konsumieren. Fernsehen kann helfen, Kinderängste zu verarbeiten, beispielsweise fürchtet sich Samson in der Sesamstraße auch vor vielen Dingen und überlegt zusammen mit seinen Freunden, wie er die Ängste überwinden kann. In der Sendung „pur plus" für Kinder im Grundschulalter werden Themen wir Spinnenängste behandelt, und gezeigt, wie Kinder die Angst vor Spinnen verlieren können. Manche der Sendungen sind sehr lehrreich, so dass sie bei der Psychotherapie von Kindern eingesetzt werden können.

Völlig anders verhält es sich mit vielen Sendungen und Serien, die zwar als Kinderprogramm bezeichnet werden, in denen aber ständig gekämpft, geschossen, vernichtet und zerstört wird. Diese Sendungen sind für die gesunde Entwicklung eines Kindes alles andere als förderlich.

Im Vorschulalter sollten Kinder nur Sendungen sehen, die für ihr Alter gemacht und geeignet sind, wie beispielsweise „Die Sendung mit der Maus", „Die Sendung mit dem Elefanten", „Sandmännchen" oder „Pokoyo". Auch im Grundschulalter ist weiterhin Vorsicht geboten: wählen Sie gezielt Filme und Sendungen aus, die für das Alter empfohlen werden. Hinweise dazu finden Sie in Familienzeitschriften oder im Internet auf den Seiten der Bundeszentrale für gesundheitliche Aufklärung (BzgA, www.bzga.de) und dem Bundesministerium für Familie, Senioren, Frauen und Jugend (www.bmfsfj.de):

- Vor der Einschulung sollten Kinder keinesfalls mehr als eine Stunde am Tag fernsehen, der Fernseher sollte auch nicht „nebenbei" laufen. Im Grundschulalter sind 90 Minuten das absolute Maximum.
- Kein Fernseher im Kinderzimmer. Gleichgültig, ob alle in der Klasse und alle coolen Jungs und Mädels einen im Zimmer haben: Lassen Sie sich nicht erweichen. Manchmal müssen Eltern total uncool und hart wie Granit sein.
- Kein wahlloses Konsumieren: Kinder sollten niemals ohne Aufsicht herumzappen. Allein die Vorschau auf die spätabendlichen Filme so mancher Privatsender reicht, um Kinder zu ängstigen.
- Langeweile ist kein Grund fernzusehen, es ist eine der großen Aufgaben in der Kindheit, sich bei Langeweile etwas einfallen zu lassen. Wie soll Ihr Kind jemals auf eine gute Idee kommen, wenn es ständig vom Fernseher bedudelt wird?
- Wählen Sie gemeinsam mit den Kindern aus, welche Sendungen geschaut werden. Planen Sie die Fernsehzeiten.
- Das wirkliche Leben sollte stets Vorrang haben: Sprich, wenn der Nachbarsjunge zum Spielen klingelt, könnte der Video-/DVD-Rekorder in Aktion treten. Nehmen Sie eine Sendung lieber auf und schauen Sie sie spä-

ter zu einem passenden Zeitpunkt an, als ein reales Erlebnis ausfallen zu lassen.
- Benutzen Sie den Fernseher nicht zur Belohnung oder zur Bestrafung.
- Stellen Sie altersgemäße Regeln auf, wie viel und was zu welcher Zeit geguckt wird. Orientieren Sie sich an Empfehlungen der Bundeszentrale für gesundheitliche Aufklärung (BzgA) oder des Bundesministeriums für Familie, Senioren, Frauen und Jugend (z. B. „schau hin").
- Keine Nachrichten, keine Kriminalfilme, keine Kampffilme, keine Magazine, die das Neueste rund um Verbrechen und nackte Tatsachen verbreiten. Keine Panzer, keine Bomben, keine Leichenteile.

Besprechen Sie, was die Kinder im Fernsehen gesehen haben, helfen Sie ihnen, das Gesehene zu verarbeiten. Altersgemäße Filme bieten ausreichend Stoff, um Ängste mitzuempfinden und einzuordnen. Jüngere Kinder beschäftigen bereits laute Geräusche und schnelle Szenenwechsel. Auch warum der kleine Hase im Krankenhaus war und was da passiert ist kann die Kinder beschäftigen. Warum die Piraten Pippis Vater gefangen halten, wieso der Drache bei Jim Knopf so garstig ist und ob die Eltern von Bibi Blocksberg noch aus dem Hühnerstall der wild gewordenen Hexe befreit werden, sollte noch vor dem Einschlafen geklärt werden.

2.5 Was können Sie als Eltern tun, wenn normale/kulturell bedingte Ängste auftreten?

Folgende Regeln sollten Sie als Eltern bei vorhandenen Ängsten beachten:
- *Ernst nehmen:* Nehmen Sie Kinderängste immer ernst. Achten Sie darauf, gelassen zu reagieren und nicht selbst in Panik zu verfallen.
- *Informieren:* Finden Sie gemeinsam mit dem Kind etwas über das Thema heraus, das dem Kind Angst macht. Lesen Sie gemeinsam ein Kinderbuch darüber. Schauen Sie eine Kinder-Wissenssendung mit dem Kind. Gehen Sie auf Entdeckungsreise: Was passiert eigentlich bei einem Gewitter? Wo gibt es Vulkanausbrüche? Wie kann man sich vor Einbrechern schützen? Was muss man im Verkehr beachten? Wann war die letzte Überschwemmung und wo und wie kam sie zustande? Wo findet ein Kind Hilfe, wenn ältere versuchen, ihm Geld abzunehmen? Was passiert eigentlich, wenn man stirbt? Woher kommen Krankheiten und was kann man dagegen tun? etc.
- *Handlungsmöglichkeiten:* Suchen Sie gemeinsam mit dem Kind sinnvolle Handlungsmöglichkeiten. Aktivitäten, bei denen die Kinder selbst etwas

tun können, sind eine gute Sache: Sich einer Umweltschutzgruppe anzuschließen bei Angst vor Luftverschmutzung oder Tiersterben; mit dem Fahrrad auf dem Verkehrsübungsplatz üben bei Angst vor Verkehrsunfällen; einen Selbstverteidigungskurs für Kinder belegen bei Angst vor körperlichen Auseinandersetzungen; etc.

- *Klare Grenzen:* Es gibt Situationen, die ein Kind keinesfalls allein bewältigen kann. Stellen Sie klar, dass in Bedrohungssituationen, z. B. durch eine Überzahl von Kindern, durch ältere Kinder oder durch Erwachsene nur Flucht und Hilfe holen sinnvoll ist.
- *Schutz bei Bedrohung:* Ermuntern Sie Ihr Kind, sich Ihnen anzuvertrauen, wenn es sich von jemandem bedroht fühlt. Besprechen Sie Handlungsmöglichkeiten für den Notfall: schreien, flüchten, Hilfe holen. Es gibt für Kinder kleine Anhänger in Form eines Hundes, die im Notfall abgezogen werden können und ein lautes Alarmsignal erzeugen (z. B. bei walzkidzz bestellbar). Zeigen Sie dem Kind auf dem Schulweg Geschäfte (Bäcker etc.), in die es flüchten und Hilfe holen kann, sollte es bedroht werden.
- *Bleiben Sie auf dem Teppich:* Schüren Sie keine Ängste. Wir leben nicht im Dschungel. Das Risiko, von einem Auto angefahren zu werden, ist um ein Vielfaches höher, als auf dem Schulweg überfallen zu werden und Schaden zu nehmen. Bleiben Sie realistisch. Das Kind sollte wissen, welche Gefahren es gibt und wie es sich verhalten kann, sich jedoch nicht täglich bedroht fühlen.
- *Risiken, mit denen wir leben müssen:* Menschen und Tiere sind sterblich. Sie können krank werden und erwartet oder unerwartet aus unserem Leben verschwinden. Wenn Ihr Kind sich mit Tod und Sterben beschäftigt, helfen Sie ihm dabei. Es gibt viele hilfreiche Kinderbücher oder auch DVDs zu diesem Thema (z. B. „Warum bin ich auf der Welt?" aus der Reihe „Sendung mit der Maus").
- *Ehrlichkeit:* Machen Sie keine Versprechungen, die Sie nicht halten können. Bleiben Sie möglichst bei der Wahrheit, ohne jedoch Ihrem Kind gleich alle grauenerregenden Facetten möglicher Katastrophen auszumalen.
- *Stehen Sie Ihrem Kind bei:* Sagen Sie Ihrem Kind, dass Sie ihm in allen Lebenslagen beistehen werden, dass Sie auch nicht auf alles eine Antwort haben oder wissen, wie es werden wird. Egal, was kommt: Sie sind für Ihr Kind da.
- *Stärken Sie Ihr Kind:* Sagen Sie Ihrem Kind, dass Sie an es und seine Fähigkeiten glauben, dass es schaffen wird, was es sich vornimmt und dass Sie Ihr Kind dabei unterstützen.
- *Übermäßiges Behüten* nützt dagegen nichts: Überbehütete Kinder sind häufig ängstlicher als andere.

> **Fazit:**
>
> Vermitteln Sie Ihrem Kind altersentsprechend, wie es mit Risiken umgehen und leben kann. Je älter die Kinder sind, desto wichtiger ist es, nicht so zu tun, als gäbe es keinerlei Gefahren, sondern den Kindern so gut es geht, Handlungs- und Bewältigungsstrategien zu vermitteln.

Im folgenden Kasten finden Sie Hinweise für den Umgang mit unangemessenen Ängsten. Diese Hinweise gelten *nicht* für Risikosituationen oder wirklich gefährliche Situationen. In gefährlichen Situationen ist es Ihre Aufgabe als Eltern, die Ängste des Kindes ernst zu nehmen und es zu schützen und in Sicherheit zu bringen.

> **Tipps für den Umgang mit ängstlichen Kindern**
> **(In-Albon & Schneider, 2007)**
>
> - Loben Sie das Kind, wenn es mutiges Verhalten zeigt.
> - Ignorieren Sie ängstliches Verhalten des Kindes.
> - Geben Sie dem Kind keine zusätzliche Aufmerksamkeit, wenn es wegen der Angst Situationen vermeidet.
> - Trauen Sie dem Kind etwas zu, übergeben Sie Eigenverantwortung.
> - Haben Sie Geduld, wenn sich der Erfolg nur langsam einstellt.
> - Geben Sie dem Kind zu verstehen, dass es in Ordnung ist, Gefühle zu zeigen, dass Angst aber nicht gefährlich ist.
> - Setzen Sie sich mit Ihren eigenen Ängsten auseinander.
> - Holen Sie sich professionelle Hilfe, wenn die Ängste lange andauern, das Kind darunter leidet oder durch die Ängste beeinträchtigt wird.

> **Merke:**
>
> Ängste sind so lange normal, wie Sie nicht das Leben der Kinder beherrschen. Wenn Kinder anfangen, aus Angst Dinge zu vermeiden, die Ihnen eigentlich Spaß machen würden oder die für ihre Entwicklung wichtig sind, kommt es zu erheblichen Beeinträchtigungen.

3 Folgen der sozialen Unsicherheit/ Schüchternheit

3.1 Erscheinungsbild

Sozial unsichere Kinder sind oft unauffällig. Sie können Kindergarten und Schule durchlaufen, ohne dass irgendjemand bemerkt, dass sie Ängste oder Probleme haben. Sie können gute Schulnoten haben (vor allem im schriftlichen Bereich) und gelten häufig als still und zurückhaltend. Sie werden oft übersehen. Sie verursachen keinen Schaden, machen nichts kaputt, stören den Unterricht nicht und terrorisieren niemanden. Deshalb wird häufig für nach außen hin auffälligere Kinder schneller Hilfe und Unterstützung gefordert, da diese ihre Not in gewisser Weise „effektiver" deutlich machen. Die ängstlichen und schüchternen Kinder hingegen fallen meist nicht auf. Nur sie selbst und ihre Eltern leiden unter den Folgen der sozialen Unsicherheit. In diesem Kapitel haben wir aufgelistet, in welchen Bereichen Kinder mit sozialen Ängsten Beeinträchtigungen verspüren können. Mit Hilfe der Checklisten am Ende der einzelnen Abschnitte können Sie überprüfen, in welchen Bereichen Ihr Kind Unterstützung und Ermutigung brauchen kann.

> **Merke:**
> Gleichgültig, ob es ein Bereich oder eine ganze Reihe von Themen sind, die Sie durch unsere folgende Auflistung bei Ihrem Kind entdecken: Haben Sie Mut und Vertrauen in die Fähigkeiten Ihres Kindes, Ängste zu überwinden und Selbstvertrauen aufzubauen!

3.2 Umgang mit anderen

Sozial unsichere oder schüchterne Kinder können sich häufig in Situationen, in denen Durchsetzungsvermögen gefragt ist, nicht behaupten. Sie vermeiden oder verweigern soziale oder freundschaftliche Kontakte zu anderen. Es fällt ihnen schwer, Freundschaften aufzubauen und zu erhalten. Bei der Kontaktaufnahme verhalten sich die Kinder meist zurückhaltend und/oder flüchten lieber aus der Situation (Asendorpf, 1993). In Spielsituationen schauen sie oft nur zu und beteiligen sich nicht selbst, ebenso in Schule und Freizeit, besonders bei ungewohnten Situationen (Asendorpf & Maier, 1993). Sie zeigen lange Phasen unentschlossenen Verhaltens (z. B. anderen vom Rand des Geschehens aus zusehen) und neigen dazu, lieber neben anderen Kindern alleine zu spielen oder sich zurückzuziehen, wenn es Schwierigkeiten gibt (Asendorpf, 1993). Häufig haben die Kinder Angst, vor einer Gruppe zu sprechen und vermeiden dies lieber.

In Tabelle 4 sind mögliche Schwierigkeiten im Umgang mit anderen Kindern und in Tabelle 5 mögliche Probleme beim Kontakt mit Erwachsenen zusammengestellt. Lesen Sie diese und überlegen Sie, ob etwas auf Ihr Kind zutrifft. Wenn ja, vermerken Sie es in der Tabelle. In der zweiten Spalte haben Sie die Möglichkeit Veränderungsziele zu vermerken, die Ihnen für Ihr Kind wichtig erscheinen.

Tabelle 4: Umgang mit anderen

Trifft dies auf Ihr Kind zu?	Trifft zu	Wäre dies ein Ziel für Sie und Ihr Kind?	Trifft zu
Mein Kind hat nur wenige Sozialkontakte.	☐	Neue Kontakte zu anderen Kindern aufbauen.	☐
Mein Kind spielt lieber allein.	☐	Neue Interessen wecken, Spaß am Spiel mit anderen Kindern haben.	☐
Mein Kind hat keine richtige Idee, wie man Freundschaften schließt oder sie erhält.	☐	Neue Freundschaften schließen und erhalten.	☐
In bestimmten Situationen wagt mein Kind nicht, ein anderes Kind anzusprechen.	☒	Andere Kinder ansprechen.	☐
Mein Kind hält sich eher am Rand auf.	☒	Auf andere zugehen und mitspielen.	☐
Mein Kind geht ungern zu Geburtstagfeiern/Partys.	☐	Spaß an Partys haben.	☐
Mein Kind traut sich nicht allein etwas einzukaufen oder zu bestellen.	☐	Alleine etwas kaufen oder bestellen.	☐

Sollten Sie in dieser oder den folgenden Tabellen viele Kreuze machen, seien Sie nicht verunsichert. Die meisten sozial unsicheren Kinder zeigen mehr als ein Symptom. Im Laufe des Ratgebers werden Sie noch zahlreiche Hinweise erhalten, wie Sie Ihre Beobachtungen richtig einordnen können.

Tabelle 5: Umgang mit Erwachsenen und Autoritätspersonen

Trifft dies auf Ihr Kind zu?	Trifft zu	Wäre dies ein Ziel für Sie und Ihr Kind?	Trifft zu
Es fällt meinem Kind schwer, im Umgang mit Erwachsenen etwas zu sagen.	☒	Mit Erwachsenen sprechen.	☐
Es fällt meinem Kind schwer, im Umgang mit Autoritätspersonen, z. B. mit Ärzten und Lehrern, etwas zu sagen.	☒	Mit Autoritätspersonen sprechen.	☐
Es fällt meinem Kind schwer, zu Autoritätspersonen, „nein" zu sagen.	☐	„Nein" sagen können.	☐
Meinem Kind fällt es schwer, sich bei Autoritätspersonen, z. B KindergärtnerInnen, LehrerInnen, Hilfe zu holen.	☐	Sich trauen, Hilfe zu holen.	☐

3.3 Umgang mit sich selbst und den eigenen Fähigkeiten

Das Selbstbild: Sozial unsichere Kinder fühlen sich oft traurig, ganz anders als alle anderen, hässlich oder einsam (Epkins, 1996; Blechman, McEnroe, Carella & Audette, 1986; LaGreca & Stone, 1993; Inderbitzen & Hope, 1995). Kinder mit Hemmungen in sozialen Situationen haben häufig wenig Selbstbewusstsein, wenig Wissen und Fertigkeiten im Umgang mit anderen (LaGreca & Stone, 1993; Asendorpf & van Aken, 1994).

Sich in andere hinein fühlen: Sozial unsichere oder schüchterne Kinder versetzen sich häufig zuviel in andere hinein und machen sich Gedanken über deren Befinden, wodurch sie oft den Blick auf die Durchsetzung ihrer eigenen Rechte verlieren (Pfingsten, 1991). Ein sozial unsicheres Kind könnte sich z. B. zuviel damit beschäftigen, dass eine andere Person eine Forderung nur ungern erfüllt, und stellt diese Forderung deshalb erst gar nicht. Sozial unsichere Kinder vermuten bei Stress und bei Konflikten, dass andere ihnen feindlich gesinnt sind (Dodge, Murphy & Buchsbaum, 1984).

Das Gefühl, etwas erreichen zu können oder eine gute Idee zu haben: Sozial unsichere Kinder haben häufig das Gefühl, wenig Einfluss auf Situationen zu haben (Petermann & Petermann, 1996). Sie erwarten weniger als gleichaltrige Kinder, etwas erreichen und bewirken zu können. Beim Freundschaften schließen haben sozial unsichere Kinder weniger Ideen, was sie tun können oder müssten. Ihre Lösungsideen sind nicht generell schlechter, aber nach nur einem Misserfolg fällt ihnen oft nichts mehr ein (Lübben & Pfingsten, 1999; Dodge & Feldmann, 1990). Diese Kinder trauen sich wenig zu und erwarten eher, dass sie eine Situation nicht bewältigen können (Connoly, 1989).

Tabelle 6: Selbstwahrnehmung/eigene Fähigkeiten

Trifft dies auf Ihr Kind zu?	Trifft zu	Wäre dies ein Ziel für Sie und Ihr Kind?	Trifft zu
Mein Kind hat ein negatives Bild von sich und traut sich wenig zu.	■	Positives Bild von sich vermitteln.	☐
Bei Konflikten oder Problemen fällt meinem Kind nach einem Fehlschlag nichts mehr ein.	■	Konflikte anders lösen lernen und Mut es erneut zu probieren.	☐
Mein Kind versetzt sich sehr viel in andere hinein, nimmt viel Rücksicht.	☐	Mehr Rücksicht auf sich selbst nehmen.	☐
Mein Kind hat häufig das Gefühl, keinen Einfluss auf Ereignisse zu haben.	☐	Alltagssituationen mehr zu beeinflussen.	☐
Mein Kind vermutet bei anderen eher feindliche Absichten.	■	Freundliche Absichten erkennen.	☐

3.4 Umgang mit Konflikten und Herausforderungen

Konflikte lösen: Sozial unsichere Kinder bemühen sich häufig in Konfliktsituationen weniger als sozial kompetente Kinder darum, herauszufinden, was die anderen eigentlich von ihnen wollen (Lübben & Pfingsten, 1999). Sie haben auch hier weniger Lösungsideen, insbesondere dann, wenn ihre erste Idee nicht geklappt hat. In Tabelle 7 sind typische Schwierigkeiten bei Konflikten zusammengestellt. Gehen Sie diese durch und überlegen Sie, ob etwas auf Ihr Kind zutrifft. Wenn ja, welche Veränderungen wünschen Sie sich für Ihr Kind?

Tabelle 7: Konflikte/Durchsetzungsvermögen

Trifft dies auf Ihr Kind zu?	Trifft zu	Wäre dies ein Ziel für Sie und Ihr Kind?	Trifft zu
Mein Kind wählt eher den Rückzug/gibt nach.	☐	In der Situation bleiben, eigene Interessen vertreten.	☐
Mein Kind hat Schwierigkeiten, sich anderen gegenüber durchzusetzen.	☐	Sich besser durchsetzen.	☐
Es fällt meinem Kind schwer, andere zu bitten, ihr Verhalten zu ändern.	◼	Andere bitten zu können/aufzufordern, ihr Verhalten zu ändern.	☐
Es fällt meinem Kind schwer, unvernünftige Ansprüche zurückzuweisen.	◼	Ansprüche zurückweisen zu können.	☐
Mein Kind traut sich anderen Kindern gegenüber nicht, „nein" zu sagen.	☐	„Nein" sagen zu können.	☐

3.5 Schulleistungen

Selbstunsichere Kinder zeigen im Durchschnitt geringere Schulleistungen (Burk et al., 1991; Bonney, 1943; Buswell, 1953) und haben größere Lernschwierigkeiten (Amidon & Simon, 1965) als sozial kompetente Kinder, obwohl sie nicht weniger intelligent sind. In Tabelle 8 sind typische Folgen bezüglich Herausforderungen in Schule und Kindergarten zusammengestellt. Lesen Sie diese und überlegen Sie, ob etwas auf Ihr Kind zutrifft. Wenn ja, welche Veränderungsziele wünschen Sie sich für Ihr Kind?

Sie als Eltern können Ihrem Kind dabei helfen, die Ängste zu überwinden und Schwierigkeiten im Umgang mit anderen abzubauen. Wir möchten Sie ermutigen, gemeinsam mit Ihrem Kind und unserem Ratgeber auf Entdeckungsreise zu gehen, schrittweise neue Dinge zu erproben und sich überraschen zu lassen, was in Ihrem Kind steckt!

Tabelle 8: Schule/Kindergarten

Trifft dies auf Ihr Kind zu?	Trifft zu	Wäre dies ein Ziel für Sie und Ihr Kind?	Trifft zu
Mein Kind geht ungern in die Schule/den Kindergarten.	☐	Wieder gern in die Schule/den Kindergarten gehen.	☐
Es fällt meinem Kind schwer, in der Schule/im Kindergarten etwas zu sagen.	☒	Sich trauen, etwas zu sagen oder zu machen.	☐
Es fällt meinem Kind schwer, vor einer Gruppe etwas zu sagen oder zu tun.	☒	Sich trauen, etwas vor einer Gruppe zu sagen oder zu machen.	☐
Es fällt meinem Kind schwer, vor anderen zu schreiben/zu malen.	☒	Sich trauen, vor anderen zu schreiben/zu malen.	☐
Mündliche Leistungen sind oft nicht möglich oder durch Ängste beeinträchtigt.	☒	Sich trauen, vor der Klasse etwas zu sagen.	☐
Prüfungssituationen wirken oft angstauslösend und die Leistung ist beeinträchtigt.	☐	In Leistungssituationen zuversichtlich sein und auf Gelerntes zugreifen können.	☐

4 Diagnosen und Störungsbilder

4.1 Angststörungen

Soziale Ängste sind an sich normal und weit verbreitet. Sie können jedoch so stark werden, dass die Kinder im Alltag beeinträchtigt sind und unter den Ängsten leiden. Dies kann unter Umständen das Ausmaß einer psychischen Störung annehmen.

Im Folgenden sind psychische Störungen aufgeführt, die mit sozialer Unsicherheit verwandt sind. Die Beschreibungen sind zur Illustration gedacht. Bitte versuchen Sie nicht, selbst Diagnosen zu stellen. Wenn Sie vermuten, dass Ihr Kind unter einer Angststörung leidet, sollten Sie es einer Kinder- und Jugendlichenpsychotherapeutin oder einer Kinder- und Jugendpsychiaterin vorstellen, die dann abklären kann, ob eine Störung vorliegt. Sollte dies der Fall sein, geraten Sie bitte nicht in Panik, Angststörungen im Kindes- und Jugendalter sind nicht ungewöhnlich und im Rahmen einer Verhaltenstherapie sehr gut behandelbar. Es ist jedoch wichtig, die Kinder frühzeitig zu behandeln. Dazu mehr am Ende dieses Kapitels.

> **Merke:**
>
> Wenn wir nachfolgend von möglichen psychischen Störungsbildern sprechen, die bei stark ausgeprägter sozialer Unsicherheit entstehen können, ist dies nur für eine erste kurze Information gedacht, eignet sich jedoch nicht zur Selbstdiagnose.

Eine recht häufig auftretende Störung ist die „Störung mit sozialer Ängstlichkeit". Diese beginnt in der Regel vor dem 6. Lebensjahr und geht mit deutlichen Schwierigkeiten im Umgang mit anderen Kindern und fremden Erwachsenen einher. In den folgenden Kästen sind Kriterien aufgelistet, die in der „Internationalen Klassifikation psychischer Störungen (ICD-10)" als bedeutsam für das jeweilige Störungsbild angesehen werden.

Störung mit sozialer Ängstlichkeit (ICD-10: F93.2)

- Anhaltende Ängstlichkeit in sozialen Situationen, in denen das Kind auf fremde Personen trifft, auch Gleichaltrige, mit vermeidendem Verhalten außerhalb der altersüblichen Grenzen.
- Befangenheit, Verlegenheit oder übertriebene Sorge über die Angemessenheit des Verhaltens Fremden gegenüber.

- Deutliche Beeinträchtigung und Reduktion sozialer Beziehungen, in neuen sozialen Situationen deutliches Leiden und unglücklich sein.
- Beginn vor dem 6. Lebensjahr.

Eine weitere Angststörung, die sich aus sozialer Unsicherheit entwickeln kann, ist die „soziale Phobie". Das Hauptmerkmal der sozialen Phobie ist die anhaltende Furcht vor Situationen, in denen das Kind der Aufmerksamkeit anderer Personen ausgesetzt ist. Das Kind fürchtet, sich peinlich oder auffällig zu verhalten, zum Beispiel keine Antwort geben zu können oder sich zu versprechen. Die Konfrontation mit der gefürchteten sozialen Situation ruft fast immer eine unmittelbare Angstreaktion hervor, die das Erscheinungsbild einer Panikattacke annehmen kann. Die Angst kann sich durch Weinen, Wutanfälle, Erstarren oder Zurückweichen ausdrücken.

Soziale Phobie (ICD-10: F40.1)

- Anhaltende Angst vor einer oder mehreren sozialen oder Leistungssituationen, in denen die Person mit unbekannten Menschen konfrontiert ist oder von anderen Personen konfrontiert werden könnte.
- Die Konfrontation mit der gefürchteten sozialen Situation ruft fast immer eine unmittelbare Angstreaktion hervor, die das Erscheinungsbild einer situationsgebundenen oder einer situationsbegünstigten Panikattacke annehmen kann. Bei Kindern kann sich die Angst durch Weinen, Wutanfälle, Erstarren oder Zurückweichen von sozialen Situationen mit unvertrauten Personen ausdrücken. Der phobische Reiz wird vermieden oder in seltenen Fällen unter starker Angst ertragen.
- Das Vermeidungsverhalten, die ängstliche Erwartungshaltung oder das starke Unbehagen in den gefürchteten sozialen oder Leistungssituationen beeinträchtigen deutlich die normale Lebensführung der Person, ihre schulische Leistung oder soziale Aktivität oder Beziehung, oder die Phobie verursacht erhebliches Leiden.
- Bei Kindern muss gewährleistet sein, dass sie im Umgang mit bekannten Personen über die altersentsprechende soziale Kompetenz verfügen, und die Angst muss gegenüber Gleichaltrigen und nicht nur in der Interaktion mit Erwachsenen auftreten.
- Falls ein medizinischer Krankheitsfaktor oder eine andere psychische Störung vorliegen, so stehen diese nicht im Zusammenhang mit der beschriebenen Angst (z.B. nicht Angst vor Stottern, oder bei Essstörungen, ein abnormales Essverhalten zu zeigen).

Neben der sozialen Unsicherheit kann die „Störung mit Trennungsangst" bestehen. Die Störung mit Trennungsangst zeichnet sich durch übermäßigen Kummer bei einer möglichen oder tatsächlichen Trennung von zu Hause oder von wichtigen Bezugspersonen aus. Die Kinder zeigen eine andauernde und übermäßige Besorgnis, dass sie wichtige Bezugspersonen verlieren könnten oder dass diesen etwas zustoßen könnte bzw., dass ein Unglück sie von einer wichtigen Bezugsperson trennen könnte. Die Störung ist verbunden mit andauerndem Widerwillen oder der Weigerung, aus Angst vor der Trennung zur Schule oder zu anderen Orten zu gehen und der ständigen und übermäßigen Furcht oder Abneigung, allein oder ohne wichtige Bezugspersonen zu Hause oder in einem anderen Umfeld zu bleiben. Ein weiteres Kriterium ist der andauernde Widerwille oder die Weigerung, ohne die Nähe einer wichtigen Bezugsperson schlafen zu gehen oder auswärts zu übernachten. Weitere mögliche Kennzeichen sind Alpträume von Trennungen und Klagen über körperliche Beschwerden, wenn die Trennung von einer wichtigen Bezugsperson stattfindet oder bevorsteht.

Störung mit Trennungsangst (ICD-10: F93.0)

- Wiederholter übermäßiger Kummer bei einer möglichen oder tatsächlichen Trennung von zu Hause oder von wichtigen Bezugspersonen.
- Andauernde und übermäßige Besorgnis, dass sie wichtige Bezugspersonen verlieren könnten oder dass diesen etwas zustoßen könnte.
- Andauernde und übermäßige Besorgnis, dass ein Unglück sie von einer wichtigen Bezugsperson trennen könnte.
- Andauernder Widerwillen oder Weigerung, aus Angst vor der Trennung zur Schule oder zu anderen Orten zu gehen.
- Ständige und übermäßige Furcht oder Abneigung, allein oder ohne wichtige Bezugspersonen zu Hause oder in einem anderen Umfeld zu bleiben.
- Andauernder Widerwille oder Weigerung, ohne die Nähe einer wichtigen Bezugsperson schlafen zu gehen oder auswärts zu übernachten.
- Wiederholt Alpträume von Trennungen.
- Wiederholtes Klagen über körperliche Beschwerden, wenn die Trennung von einer wichtigen Bezugsperson stattfindet oder bevorsteht.

4.2 Sprachstörungen, Sprachhemmung und (s)elektiver Mutismus

Kinder mit Sprachentwicklungsstörungen tragen ein hohes Risiko, soziale Ängste zu entwickeln. Unter Sprachstörungen werden verzögerte Sprachentwicklung, Verlust erworbener Sprache und spezifische Sprachausfälle verstanden. Des Weiteren können Störungen des Sprachausdruckes, der Sprachwahrnehmung und der Sprachflüssigkeit, z. B. Stottern oder Poltern, auftreten.

Dabei ist Ursache und Wirkung noch ungeklärt. Wir können also nicht mit Sicherheit sagen, wie häufig soziale Ängste eine Sprachentwicklungsstörung begünstigt haben oder umgekehrt, wie oft eine Sprachentwicklungsstörung soziale Ängste nach sich zieht. Gesichert ist, dass sprachliche Probleme soziale Überforderungssituationen und Misserfolge begünstigen, welche wiederum soziale Ängste auslösen können.

Ausgeprägte Formen der Sprachbeeinträchtigung, die oft zu Hänseleien führen, beeinträchtigen die soziale Einbindung und die Selbstsicherheit von Kindern (Eckert, 2001). Kinder mit einer gestörten Sprachentwicklung ist es nur schwer möglich, mit anderen Personen erfolgreich zu kommunizieren (Rice, 1993; Eckert, 2001). Diese Kinder können die erwarteten und sozial akzeptierten Mittel der Sprache nur unvollständig nutzen und haben Schwierigkeiten, Gespräche zu beginnen und aufrechtzuerhalten. Als Folge davon bleiben ihre Möglichkeiten des sozialen Austausches eingeschränkt, häufig werden sie von Gleichaltrigen ignoriert und zurückgewiesen, was ein Gefühl des Ausgeschlossenseins zur Folge hat. Manche Kinder hören in bestimmten sozialen Situationen vollkommen auf zu sprechen, was als elektiver oder selektiver Mutismus bezeichnet wird. Häufig sprechen diese Kinder in der Schule oder im Kindergarten kein Wort, zu Hause oder im vertrauten Umfeld jedoch ungehemmt und „wie ein Wasserfall". Oft wird als Ersatz für Sprache mit Zeichen, Kärtchen oder über andere kommuniziert, was sehr ungünstig ist und das Problem verschärft. Die Kinder wenden sich vermehrt solchen Erwachsenen und anderen Kindern zu, die sich auf ihre Sprachdefizite einstellen. Diese Strategie wird von der Umwelt oft negativ interpretiert, so dass die betroffenen Kinder als sozial unreif und weniger intelligent wahrgenommen werden. Der soziale Rückzug führt zu Einschränkung positiver Lernerfahrungen, was sich negativ auf die emotionale Befindlichkeit und den Selbstwert der Kinder auswirkt (Eckert, 2001).

4.3 Häufigkeit von Ängsten und Angststörungen im Kindesalter

Ängste und soziale Unsicherheit bei Kindern sind ein weit verbreitetes Phänomen, 10 bis 15 % der Grundschüler sind schätzungsweise betroffen (Essau et al., 1998). In einer Studie von Federer und Kollegen (2000) erfüllten 9,5 % der Achtjährigen die Kriterien einer Angststörung. Bei Mädchen sind Ängste und soziale Unsicherheit deutlich häufiger zu beobachten (Kashani & Orvaschel, 1990). Für die „Störung mit Trennungsangst" bewegen sich die Zahlenangaben zwischen 2,4 und 4,7 % (Steinhausen et al., 1998). Soziales Rückzugsverhalten tritt bei knapp 6 % aller Kinder auf (Plück, Döpfner & Lehmkuhl, 2000). Für die soziale Phobie bei Kindern wird eine Auftretenswahrscheinlichkeit von etwa 1 % angegeben (Melfsen, 1998; Petermann, 1994). Die Zahlenangaben zu schüchternen und zurückgezogenen Kindern liegen deutlich höher, 24 bis 35 % der untersuchten Schüler werden als schüchtern und zurückgezogen eingeschätzt. Soziale Unsicherheit tritt bei ca. 15 % der Patienten in kinder- und jugendpsychotherapeutischen Institutionen auf (Döpfner, Schlüter & Rey, 1981).

4.4 Woher weiß ich, ob bei meinem Kind eine psychische Störung vorliegt?

Ob eines der genannten Störungsbilder bei Ihrem Kind vorliegt, können nur Kinder- und Jugendlichenpsychotherapeuten bzw. Kinder- und Jugendpsychiater mit Sicherheit feststellen. Sollte dies der Fall sein, ist es wichtig, dem Kind eine adäquate psychotherapeutische Behandlung zukommen zu lassen. Bei sozialen Angststörungen im Kindesalter empfiehlt sich die kognitive Verhaltenstherapie, da sie sich als besonders wirksam erwiesen hat.

4.5 Psychotherapie

Bei der Auswahl der Psychotherapeutin/des Psychotherapeuten sollten Sie auf folgende Punkte achten:
- *Kassenzulassung und Approbation:* Die Psychotherapeutin/der Psychotherapeut sollte eine Zulassung für Kinder- Jugendlichenpsychotherapie haben und approbiert sein oder an einer entsprechend ermächtigten Lehr-

praxis oder Ausbildungsambulanz tätig sein. Für Sie sollten keinerlei Kosten entstehen, da die gesetzlichen Krankenkassen die Kosten einer Psychotherapie erstatten. Bei privaten Kostenträgern kommt es auf den Tarif und die Art der Versicherung an, hier sollten Sie sich vorher bei Ihrem Kostenträger erkundigen.

- *Zeit für Diagnostik und Therapieplanung:* Die Psychotherapeutin/der Psychotherapeut sollte sich für Sie und Ihr Kind Zeit nehmen. In den ersten Sitzungen (Probatorik) sollte eine ausführliche Diagnostik durchgeführt werden. Die Ergebnisse sollten auf verständliche Art und Weise mit Ihnen besprochen werden.
- *Erklärungsmodell:* Anschließend sollte mit Ihnen ein Erklärungsmodell besprochen werden, sprich, die Psychotherapeutin/der Psychotherapeut sollte Ihnen seine Vermutungen über die Entstehung der Probleme verständlich darlegen. Dabei sollten Vererbung, Persönlichkeit des Kindes, Lernerfahrungen, Erziehungsverhalten, Erleben in Schule und Freizeit einbezogen werden. Ihnen sollten keine Schuldgefühle vermittelt werden.
- *Entscheidung für die Behandlung:* Nach vier bis sechs Sitzungen entscheiden Sie sich als Familie für oder gegen eine Behandlung.
- *Störungsspezifisches Vorgehen:* Die geplante Behandlung sollte speziell auf die Probleme Ihres Kindes zugeschnitten sein, also spezifisch für die Behandlung sozialer Ängste.
- *Planung und Transparenz:* Die Psychotherapeutin/der Psychotherapeut sollte Ihnen erläutern, was in der Therapie passieren wird und wie lange die Therapie vermutlich dauern wird. Die Therapieplanung sollte zeitlich so zugeschnitten sein, dass in absehbarer Zeit erste Veränderungen zu erwarten sind. Auch in Psychotherapien geschehen keine Wunder, so dass ausdauernde Mitarbeit und Motivation vonnöten sind. Verändert sich innerhalb von 4 bis 6 Monaten rein gar nichts, sollten Sie dies mit der Psychotherapeutin/dem Psychotherapeuten besprechen, Ihr eigenes Engagement überprüfen und gegebenenfalls einen Wechsel des Behandlungsansatzes oder des Behandlers erwägen.
- *Therapeutische Beziehung:* Sie und das Kind sollten ein gutes Gefühl haben. Die Chemie zwischen Ihnen und der Psychotherapeutin sollte stimmen.
- *Freiwilligkeit und freie Psychotherapeutenwahl:* Eine Psychotherapie ist freiwillig und kann auch abgebrochen/beendet oder nicht angetreten werden. Es steht Ihnen frei, eine andere Psychotherapeutin aufzusuchen. Sie sollten auf jeden Fall Ihren Kostenträger informieren. Wenn Sie eine Ausfallkostenvereinbarung mit der Psychotherapeutin/dem Psychotherapeuten getroffen haben, sollten Sie rechtzeitig absagen, da Ihnen ansonsten für den ausgefallenen Termin die Kosten in Rechnung gestellt werden.

- *Schweigepflicht:* Informationen aus der Therapie dürfen ohne Ihr Einverständnis keinesfalls an Dritte weitergegeben werden, es sei denn, es besteht akute Selbst- oder Fremdgefährdung.
- *Mitarbeit und Motivation:* Eine Psychotherapie kann nur gelingen, wenn Sie als Familie intensiv und verlässlich mitarbeiten. Dazu gehören Dinge wie Termine einzuhalten, pünktlich zu erscheinen und dem Kind zu ermöglichen, Therapie-Hausaufgaben zu erledigen. Meist ist es erforderlich, dass auch Sie bestimmte Dinge im Familienalltag und im Umgang mit dem Kind umstellen. Wenn Ihnen etwas nicht gefällt, besprechen Sie es mit der Psychotherapeutin/dem Psychotherapeuten. Versuchen Sie nicht, einen möglichst guten Eindruck zu hinterlassen. Besprechen Sie so offen wie möglich Problem- oder Überforderungssituationen, wenn diese mit Ihrem Kind zu tun haben. Seien Sie versichert, dass es nichts gibt, was die Psychotherapeutin/der Psychotherapeut noch nie gehört hat.
- *Therapeutensuche:* Bei der Suche nach einer entsprechenden Psychotherapeutin kann Ihnen Ihre Krankenkasse oder die kassenärztliche Vereinigung behilflich sein. In manchen Bundesländern ist eine Kinder- und Jugendpsychotherapie mit langen Wartezeiten verbunden. Lassen Sie sich nicht abschrecken. Lassen Sie Ihr Kind auf die Warteliste setzen. Rufen Sie die in Frage kommenden Behandler immer einmal wieder an, manchmal hat man Glück und ergattert einen gerade frei gewordenen Platz.

5 Erklärungsmodelle – Wie kommt es zu den Ängsten?

5.1 Überblick

Wir wollen Ihnen an dieser Stelle einige Beispiele für die Entstehung und Aufrechterhaltung von sozialen Ängsten geben und mit Ihnen zusammen ein Erklärungsmodell entwickeln. Wichtig ist dabei zu wissen, dass Ängste niemals nur durch ein Ereignis allein ausgelöst werden können, es müssen immer eine Reihe von Faktoren zusammenkommen.

Eine kurze Anmerkung zum Thema Schuld: Sollten Ihnen Menschen begegnet sein, die der Ansicht sind, dass Sie schuld an den Ängsten Ihres Kindes sind oder sollten Sie selbst dieses Gefühl haben, möchten wir Ihnen sagen: Vergessen Sie den Schuldbegriff. Er hat noch niemandem geholfen und noch kein Kind in irgendeiner Form weitergebracht. Es gibt immer viele Faktoren, die zusammenkommen müssen, um Ängste entstehen zu lassen. Vielleicht stellen Sie beim Lesen des Kapitels fest, dass es ungünstige Einflüsse auf Ihr Kind gab oder gibt und Sie diese beeinflussen können. Dann tun Sie es! Übernehmen Sie jetzt die Verantwortung für den weiteren Umgang mit Ihrem Kind und erproben Sie neue Strategien, damit Ihr Kind Selbstbewusstsein aufbauen kann. Wenn Sie es nicht alleine schaffen, holen Sie sich Hilfe.

Wenn Sie sich Vorwürfe für vergangenes (überbehütendes oder autoritäres oder auf andere Weise ungünstiges) Erziehungsverhalten machen sollten, wenn Sie ein schlechtes Gewissen haben, weil Sie nur wenig Zeit hatten oder partnerschaftliche Streitigkeiten das Kind belastet haben; dann denken Sie bitte daran: Von Selbstvorwürfen hat kein Kind etwas! Sie sind die einzigen und besten Eltern die Ihr Kind hat. Von Ihnen wird es geliebt. Von Ihnen kann es lernen. Überprüfen Sie frühere Einflüsse, um zu erkennen, welcher neue Umgang mit den Ängsten Ihres Kindes jetzt und in Zukunft am besten ist und versuchen Sie, diese neue Art und Weise des Umgangs umzusetzen.

5.2 Entstehungsmodell von Ängsten am Beispiel einer Pflanze

Ängste werden niemals nur durch ein Ereignis allein ausgelöst, es müssen immer eine Reihe von Faktoren zusammenkommen. Nehmen wir als Vergleich eine Pflanze: Um wachsen zu können, ist ein Samenkorn notwendig, welches auf fruchtbaren Boden fällt. Anschließend sind noch Sonne und Regen notwendig, um die Pflanze wachsen zu lassen. In unserem Erklärungsmodell sind die vorausgehenden Bedingungen der Boden/die Erde, auf den/die das Samenkorn fällt, also alles, was das Kind empfindlich bzw. empfänglich dafür gemacht hat, Ängste zu entwickeln. Das Samenkorn ist das auslösende Ereignis, in dessen Folge die Ängste auftraten. Sonne und Regen stellen die aufrechterhaltenden Bedingungen dar, die dazu führen, dass die Ängste nicht einfach wieder verschwinden.

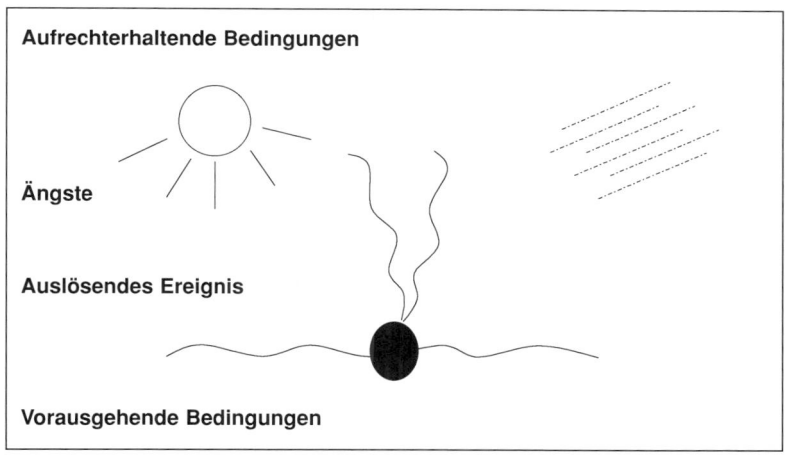

Abbildung 1: Vorausgehende und aufrechterhaltende Bedingungen von Ängsten sowie auslösendes Ereignis

Einige Beispiele

Wir werden Ihnen jetzt anhand von Fallbeispielen aufzeigen, wie man sich selbst ein Erklärungsmodell erarbeiten kann, um dann Veränderungen sinnvoll gestalten zu können.

Tom (11 Jahre) traut sich in der Schule nicht, sich zu melden, auch wenn er eine Antwort sicher weiß. An der Tafel fällt ihm vor Aufregung nichts ein.

Tabelle 9: Vorausgehende und aufrechterhaltende Bedingungen von Ängsten sowie auslösendes Ereignis am Beispiel von Tom

Boden: Vorausgehende Bedingungen	– Tom war schon immer recht schüchtern. Die Umstellung von der Grundschule auf die Realschule war schwierig für ihn.
Samenkorn: Auslöser	– Letztes Schuljahr hat er sich an der Tafel total blamiert. Ihm fiel überhaupt nichts ein, die anderen haben gelacht.
Sonne/Regen: Aufrechterhaltende Bedingungen	– Tom vermeidet seither, sich zu melden. Er kann keine positive neue Erfahrung machen. – Er ist schon bei der Aufgabenstellung sehr aufgeregt. Seine Informationsverarbeitung ist dadurch beeinträchtigt, er kann deshalb Aufgaben schlechter beantworten. – Er hält sich seither für einen Versager. – Aufgrund der schlechten mündlichen Leistungen erhält er Nachhilfe, was ihn noch mehr unter Druck setzt.

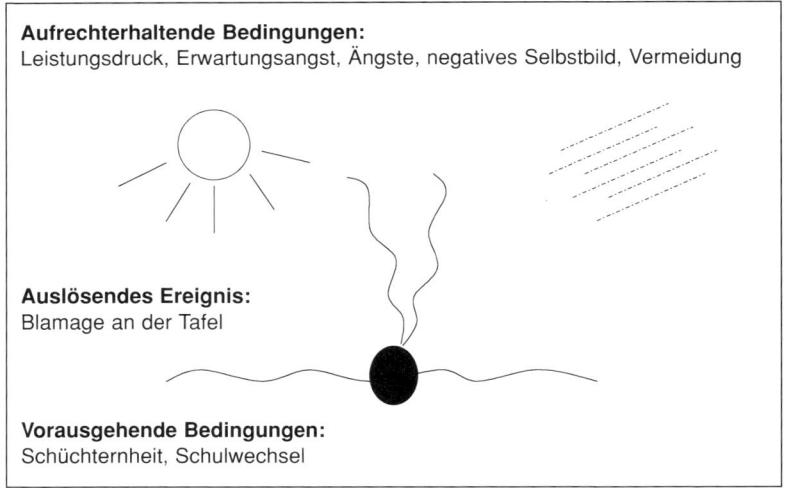

Abbildung 2: Erklärungsmodell für Tom

Katja (5 Jahre) steht am Spielplatz immer nur am Rand. Durch nichts lässt sie sich dazu bewegen, mit den anderen Kindern zu rutschen und zu schaukeln.

Tabelle 10: Vorausgehende und aufrechterhaltende Bedingungen von Ängsten sowie auslösendes Ereignis am Beispiel von Katja

Boden: Vorausgehende Bedingungen	– Katja war als Kleinkind viel krank. Ihre Eltern machten sich oft Sorgen um sie und taten alles, um sie zu schützen und zu beschützen. – Sie fehlte oft im Kindergarten.
Samenkorn: Auslöser	– Anfang dieses Jahres wechselte Katja in die Gruppe der „Großen" im Kindergarten. Dort fand sie nicht so recht Anschluss.
Sonne/Regen: Aufrechterhaltende Bedingungen	– Katja vermeidet es, andere Kinder anzusprechen oder zu fragen, ob sie mit ihr spielen wollen. Dadurch kann sie keine positive neue Erfahrung machen. – Wenn Katja etwas nicht will, weint sie und spricht nicht mehr. Die Eltern fühlen sich hilflos. – Katja denkt, dass die anderen Kinder sie nicht leiden können.

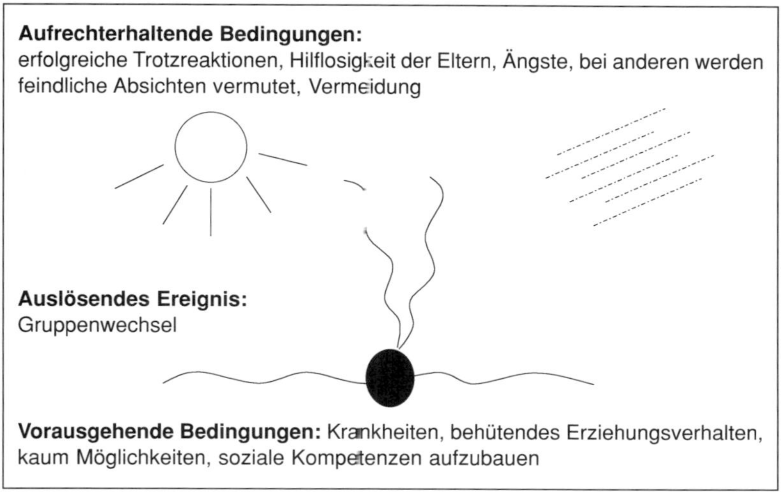

Aufrechterhaltende Bedingungen:
erfolgreiche Trotzreaktionen, Hilflosigkeit der Eltern, Ängste, bei anderen werden feindliche Absichten vermutet, Vermeidung

Auslösendes Ereignis:
Gruppenwechsel

Vorausgehende Bedingungen: Krankheiten, behütendes Erziehungsverhalten, kaum Möglichkeiten, soziale Kompetenzen aufzubauen

Abbildung 3: Erklärungsmodell für Katja

Sven (7 Jahre) spielt lieber allein. Wenn er mit den Eltern befreundete Familien besucht, versteckt er sich hinter seiner Mutter und braucht sehr lange, bis er mit den anderen Kindern/Erwachsenen Kontakt aufnehmen kann.

Tabelle 11: Vorausgehende und aufrechterhaltende Bedingungen von Ängsten sowie auslösendes Ereignis am Beispiel von Sven

Boden: Vorausgehende Bedingungen	– Svens Mutter ist eher ängstlich und war als Kind sehr zurückhaltend. – Sven ist ein Kind, das gerne alleine ist und auch gern alleine spielt.
Samenkorn: Auslöser	– Vor einigen Monaten nahm Svens Vater eine neue Stelle an, seither ist er viel unterwegs und wenig zu Hause. Sven vermisst ihn sehr.
Sonne/Regen: Aufrechterhaltende Bedingungen	– Sven vermeidet es, andere Kinder anzusprechen oder zu fragen, ob sie mit ihm spielen wollen. Dadurch kann er keine positive neue Erfahrung machen. – Er hat sich wieder enger mit seiner Mutter zusammen geschlossen, verbringt viel Zeit mit ihr und „hängt ihr am Rockzipfel". – Sven fühlt sich sozialen Situationen allein nicht gewachsen. – Svens Mutter kann Svens Ängste gut verstehen und will ihn zu nichts zwingen.

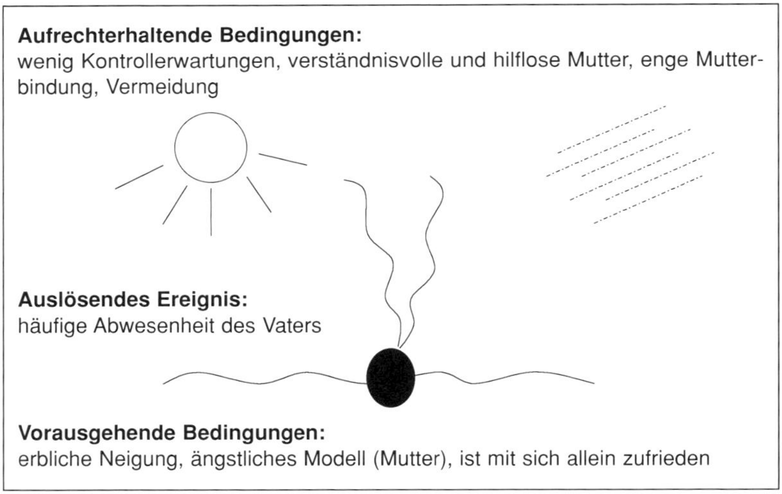

Aufrechterhaltende Bedingungen:
wenig Kontrollerwartungen, verständnisvolle und hilflose Mutter, enge Mutterbindung, Vermeidung

Auslösendes Ereignis:
häufige Abwesenheit des Vaters

Vorausgehende Bedingungen:
erbliche Neigung, ängstliches Modell (Mutter), ist mit sich allein zufrieden

Abbildung 4: Erklärungsmodell für Sven

Helena (10 Jahre) hat Neurodermitis. Sie geniert sich für die Flecken und Kratzspuren auf ihrer Haut, hat Angst die anderen könnten sie „eklig" finden und zieht sich oft zurück.

Tabelle 12: Vorausgehende und aufrechterhaltende Bedingungen von Ängsten sowie auslösendes Ereignis am Beispiel von Helena

Boden: Vorausgehende Bedingungen	– Helena war als Baby schon sehr schreckhaft und weinte bei neuen Situationen schnell. – Durch die Neurodermitis war sie oft bei Ärzten und in Kliniken, war durch Jucken, Kratzen und Schmerzen sehr beeinträchtigt, schlief schlecht etc.
Samenkorn: Auslöser	– Unklar, vermutet wird eine abwertende Bemerkung durch ein anderes Kind.
Sonne/Regen: Aufrechterhaltende Bedingungen	– Helena vermeidet es, andere Kinder anzusprechen oder zu fragen, ob sie mit ihm spielen wollen. Dadurch kann sie keine positive neue Erfahrung machen. – Durch ihr zurückhaltendes Verhalten wirkt sie auf andere Kinder abweisend. Einige Mitschülerinnen halten sie für arrogant. – Helena hat ein negatives Selbstbild, findet sich eklig und als Zumutung für andere. – Die Erkrankung ist für sie peinlich und stark schambesetzt.

Aufrechterhaltende Bedingungen:
abweisende Wirkung auf andere, Krankheit ist peinlich und schambesetzt, negatives Selbstbild, Vermeidung

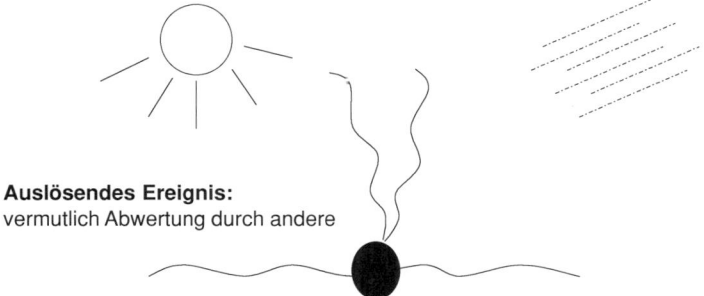

Auslösendes Ereignis:
vermutlich Abwertung durch andere

Vorausgehende Bedingungen: schreckhaft/ängstliches Temperament, häufige Arztbesuche und Krankenhausaufenthalte, Beeinträchtigung durch Erkrankung

Abbildung 5: Erklärungsmodell für Helena

5.3 Mögliche vorausgehende Bedingungen (Erde)

Vorausgehende Bedingungen sind Faktoren und Ereignisse, die ein Kind für die spätere Entwicklung von Ängsten empfindlich oder empfänglich gemacht haben. Als vorausgehende Bedingung können biologische, psychische und soziale Faktoren unterschieden werden.

Als *biologischer Faktor* kann eine erblich bedingte Neigung vorliegen, bei neuen oder unbekanntem Situationen schneller zu erschrecken als andere Kinder. In neuen, unvorhergesehenen Situationen steigt die physiologische/körperliche Erregung des Kindes schnell an. Das wiederum kann zu Verhaltensblockaden führen, so dass das Kind in aufregenden und neuen Situationen stark gehemmt ist und Schwierigkeiten hat, zu sprechen oder irgendetwas zu tun. Dies wird Verhaltenshemmung genannt und kann bereits im Alter von sechs Monaten festgestellt werden.

Bestimmte *Persönlichkeitsmerkmale* können die spätere Entstehung von Ängsten begünstigen: Kinder die eher zu Rückzug als zu Annäherung neigen und wenig „Anpassungsfähigkeit an neue Situationen und Stimmungslagen" aufweisen (Kagan, 1988), tragen ein erhöhtes Risiko, Ängste zu entwickeln.

Neben den bereits erwähnten Risikofaktoren gilt: Kinder, die dauerhaft soziale Aufmerksamkeit auf sich ziehen, weil sie etwas nicht können oder auffallen, weil sie anders aussehen oder Ungewöhnliches tun, tragen ein erhöhtes Risiko, soziale Ängste oder soziale Unsicherheit zu entwickeln. Eine Übersicht über mögliche Risikofaktoren findet sich in Tabelle 13. Im Kasten „Trifft auf mein Kind zu" können Sie vermerken, welche Punkte für Ihr Kind bedeutsam sind. Sollte Ihnen etwas wichtig erscheinen, was in Tabelle 13 nicht aufgelistet ist, ergänzen Sie es.

Tabelle 13: Risikofaktoren (Auswahl)

Minus-Symptomatik Kinder, die auffallen, weil sie etwas nicht können:	Plus-Symptomatik Kinder, die auffallen, weil sie anders aussehen oder etwas Ungewöhnliches tun:
– Konzentrationsstörungen – Lernbehinderung – Teilleistungsstörungen – Bewegungseinschränkungen (z. B. Rollstuhl) – Sehbehinderung – Hörbehinderung	– Sprach- und Sprechstörungen – Körperbehinderung – Ticstörungen – Epileptische Anfälle – Auffällige Hauterkrankungen – Adipositas – Kleinwuchs, Großwuchs, Fehlwuchs

Trifft auf mein Kind zu:

_____
_____
_____
_____
_____
_____

Bei *chronischen Erkrankungen* wie Rheuma, Neurodemitis (Atopischer Dermatitis) und krankhaftem Übergewicht (Adipositas) tragen die betroffenen Kinder ein deutlich erhöhtes Risiko, soziale Unsicherheit zu entwickeln (z. B. Wall, 2000). Auch Kinder mit Herzerkrankungen sind sozial ängstlicher als gesunde Kontrollpersonen (Byars, Brown, Campell & Hobbs, 2000). Bei lebensbedrohlichen Erkrankungen wie z. B. Krebserkrankungen leiden die Kinder häufig unter sozialen Ängsten (Kubar, 2000; Shelby, Nagle, Barnett-Queen, Quattlebaum & Wuori, 1998).

Geburtsrisiken: Es gibt Hinweise, dass spezielle Geburtsrisiken und Komplikationen soziale Unsicherheit begünstigen. Die Kinder, die später soziale Ängste zeigten, waren bei der Geburt in signifikant höherem Maße mit organischen Risiken behaftet (Esser et al., 1996). Auch eine unerwünschte Schwangerschaft stellt einen psychosozialen Risikofaktor dar (Davidson, Hughes, George & Blazer, 1993).

Psychosoziale Risiken: Es gibt eine Reihe psychischer Faktoren, die soziale Unsicherheit begünstigen können. Ein niedriger Selbstwert stellt einen erheblichen Risikofaktor dar. Weiterhin gibt es einen ungünstigen Verarbeitungsstil von Ereignissen (Attributionsstil), welcher zu sozialer Unsicherheit führen kann, beispielsweise wenn Kinder sich bei Misserfolgen selbst die Schuld geben und Erfolge eher für Zufall halten. Das Fehlen von Bewältigungsfähigkeiten für Stress und belastende Situationen stellt einen Risikofaktor dar. Weiterhin können andere psychische Störungen oder Entwicklungsstörungen, wie z. B. Einnässen, Lese-Rechtschreibschwäche oder Sprachstörungen wie Lispeln oder Stottern für die Entwicklung einer sozialen Unsicherheit empfindlich machen. Traumatische Erlebnisse können (neben anderen psychischen Beeinträchtigungen und Störungsbildern) auch die Entwicklung sozialer Unsicherheit begünstigen.

Vorausgehende soziale Faktoren können das elterliche Interaktions- und Erziehungsverhalten sein. Kinder tragen ein wesentlich erhöhtes Risiko, eine Angststörung zu entwickeln, wenn ihre Eltern selbst unter Ängsten oder Depressionen leiden. Eltern ängstlicher Kinder zeigen häufig die Neigung, uneindeutige Ereignisse als bedrohlich zu bewerten. Wenn also noch nicht klar ist, ob Gefahr besteht oder nicht (z. B. raschelndes Geräusch im Dunkeln), neigen Eltern ängstlicher Kinder häufig dazu, von einer Gefahr auszugehen (Einbrecher) und nicht von einer harmlosen Ursache (Igel), was die Kinder dann übernehmen. Dieser Vorgang wird auch als Modelllernen bezeichnet. So entwickeln Kinder dann häufig keine ihrem Alter angemessene Selbstständigkeit und können wichtige Erfahrungen nicht machen. Auf diese Weise verpassen die Kinder oft Situationen, die für die Entwicklung ihres Selbstbewusstseins wichtig wären, da sie Situationen, die sie selbst bewältigen könnten, oft vermeiden.

Wechselhaftes oder tadelndes Elternverhalten scheint ebenfalls ein Risikofaktor zu sein (Hock & Schirtzinger, 1992). Eltern, die die Regeln häufig ändern, so dass das Kind nicht wissen kann, woran es ist, verunsichern das Kind. Eltern, die überstreng sind und das Kind abwerten („Aus dir wird eh nichts" o. Ä.) begünstigen ebenfalls die Entstehung von Ängsten.

Tabelle 14: Risikofaktoren (Auswahl)

Geburtsrisiken	Psychosoziale Risiken
– Unerwünschte Schwangerschaft – Pränatale Risiken (z. B. Rauchen der Mutter) – Perinatale Komplikationen (z. B. Sauerstoffmangel bei der Geburt) – Postnatale Komplikationen	– Elterliches Interaktions- und Erziehungsverhalten – niedriger Selbstwert – wenig Bewältigungsfertigkeiten – ungünstiger Attributionsstil – Entwicklungsstörungen

Trifft auf mein Kind zu:

_____

_____

_____

_____

5.4 Mögliche Auslöser (Samenkorn)

Nach unserer Erfahrung lassen sich die auslösenden Ereignisse meist gut erkennen. Es handelt sich häufig entweder um eine Veränderung der Lebensumstände oder um ein einzelnes beängstigendes Ereignis.

Um soziale Unsicherheit auszulösen, müssen Veränderungen der Lebensumstände nicht unbedingt traumatisierend sein. Es können z. B. auch Veränderungen wie ein Umzug, ein Lehrer- oder ein Klassenwechsel, der Übergang vom Kindergarten in die Grundschule oder der Übergang von der Grundschule in die weiterführende Schule sowie der Wegzug der besten Freundin sein, die die Entwicklung einer sozialen Unsicherheit begünstigen. Ein Streit und die darauf folgende Entzweiung mit der besten Freundin kann ebenfalls ein Auslöser sein. Auch einschneidende Veränderungen der Familiensituation wie die Geburt eines Geschwisters, die Trennung der Eltern oder der Tod eines Großeltern- oder Elternteils können auslösende Faktoren sein. Scheidungskinder tragen ein erhöhtes Risiko, soziale Ängste zu entwickeln (Davidson, Hughes, Geroge & Blazer, 1993), insbesondere, wenn das Alter der Kinder bei der Scheidung der Eltern unter 10 Jahren lag.

Tabelle 15: Beispiele für auslösende Ereignisse

Veränderung/ Verlust	Peinliche/scham-besetzte Ereignisse	Bedrohung, panische Angst
– Umzug – Tod eines Haustieres – Klassenwechsel – Lehrerwechsel – Schulwechsel – Einschulung – Scheidung – Tod von Bezugspersonen – Streitigkeiten (Gleichaltrige)	– Versagen vor der Klasse – öffentliche Blamage – nicht eingeladen werden – Außenseiter sein – schlechte Note – Versagen bei Sportereignis – Überforderungsgefühle	– schwere Erkrankungen – Krankenhausaufenthalte – traumatisches Erlebnis – Opfer werden – Gewalt erleben – Schreckereignis – Gewalt zwischen den Eltern – allein gelassen werden – verloren gehen – sich verirren

Trifft auf mein Kind zu:

Peinliche oder schambesetzte Ereignisse können ebenfalls zu sozialer Unsicherheit führen (z. B. ein Kind steht in der Klasse an der Tafel und wird ausgelacht). Weiterhin kann das Erleben von Panik und Hilflosigkeit in einer Situation der sozialen Bewertung (z. B. eine öffentliche Prüfungssituation) soziale Unsicherheit auslösen (Barlow, 1988; Hofmann, Ehlers & Roth, 1995).

Bedrohung/panische Angst: Das auslösende Ereignis kann eine Schrecksituation sein (Silvesterknaller, Feuerwehrauto usw.) oder eine bedrohliche Situation in der Schulpause. Das Opfer von Gleichaltrigen zu werden (Prügeleien, Hänseleien, sexuelle Übergriffe) gilt als Risikofaktoren für die Entwicklung von klinisch relevanten sozialen Ängsten (LaGreca & Lopez, 1998; Slee, 1994). Schwere Erkrankungen, die Traumatisierung durch Unfälle, Überfälle, körperliche, sexuelle oder häusliche Gewalt können ebenfalls Auslöser sozialer Ängste sein.

Beängstigende Ereignisse für Kinder sind nicht unbedingt deckungsgleich mit angstauslösenden Ereignissen für Erwachsene: Eltern und Kinder unserer Trainingsgruppen benannten beispielsweise einmalige Situationen, in denen das Kind kurz im Auto zurückgelassen wurde oder für fünf Minuten in einem Kaufhaus vorloren gegangen ist.

Zudem existiert eine Untergruppe von sozial unsicheren Kindern, bei denen Eltern und Kinder übereinstimmend angeben, dass das Kind „schon immer" zurückhaltend gewesen sei und sich ungern in sozialen Situationen befand. In diesen Fällen muss von einem schleichenden Beginn ausgegangen werden, der dann im Laufe der Zeit Ängste auslösen kann.

Was auf mein Kind noch zutrifft:

5.5 Mögliche aufrechterhaltende Bedingungen (Sonne und Regen)

Im Folgenden werden Mechanismen und verschiedenen Faktoren vorgestellt, die für die Ausweitung und Aufrechterhaltung der Ängste verantwortlich sind:

- *Flucht als erfolgreiche Strategie:* Flüchtet ein Kind aus einer angstbesetzten Situation, so lässt die Angst sofort nach. Dieser Anspannungsabfall wirkt auf das Kind wie eine Belohnung und Bestätigung: Das Flüchten war scheinbar richtig! Die Gefahr ist vorüber. Anschließend steigt die Wahrscheinlichkeit, dass das Kind beim nächsten Mal erneut mit Rückzug und Flucht reagieren wird. Die Strategie hat sich ja scheinbar bewährt!

Kennen Sie ein Beispiel aus dem Leben Ihres Kindes? **Trifft zu** ☐

In diesem Fall notieren Sie sich hier einige Stichworte dazu und kreuzen Sie das Kästchen an:

- *Vermeidung als erfolgreiche Strategie:* Vermeidet ein Kind eine angstbesetzte Situation, so lässt die Angst sofort nach und das befürchtete Ereignis (Blamage o. Ä.) tritt nicht ein. Das wirkt auf das Kind wie eine Belohnung und Bestätigung: Das Vermeiden war scheinbar genau die richtige Strategie! Die Gefahr ist nicht aufgetreten. Anschließend steigt die Wahrscheinlichkeit, dass das Kind beim nächsten Mal erneut mit Vermeidung reagieren wird. Die Strategie hat sich ja scheinbar bewährt! Dieser Mechanismus wird auch Vermeidungslernen genannt.

Kennen Sie ein Beispiel aus dem Leben Ihres Kindes?	Trifft zu ☐
In diesem Fall notieren Sie sich hier einige Stichworte dazu und kreuzen Sie das Kästchen an:	

- *Lernen aus Misserfolgen:* Erlebt das Kind in sozialen Situationen häufig Misserfolge, etwa blamable Ereignisse an der Tafel, auf dem Spielplatz oder auf dem Kindergeburtstag, so lernt es, dass soziale Situationen etwas Bedrohliches haben und keinesfalls erstrebenswert sind und versucht, diese zu vermeiden. Das Aufsuchen und Aushalten sozialer Situationen wird durch die realen oder auch nur vorgestellten Misserfolge kontinuierlich bestraft. Die negativen Erwartungen werden stets bestätigt.

Kennen Sie ein Beispiel aus dem Leben Ihres Kindes?	Trifft zu ☐
In diesem Fall notieren Sie sich hier einige Stichworte dazu und kreuzen Sie das Kästchen an:	

- *Katastrophisieren:* Das Kind macht sich schon vor Beginn einer Situation Gedanken, ob und dass es wieder ganz schrecklich wird. Es macht sich alle möglichen und unmöglichen Sorgen darüber, was passieren könnte.

Kennen Sie ein Beispiel aus dem Leben Ihres Kindes?	**Trifft zu** ☐
In diesem Fall notieren Sie sich hier einige Stichworte dazu und kreuzen Sie das Kästchen an:	

- *Sicherheitsstrategien:* In sozialen Situation neigen sozial ängstliche Kinder zu sogenannten Sicherheitsstrategien. Diese Strategien sollen die befürchtete Katastrophe eigentlich abwenden, erreichen jedoch meist das Gegenteil und bestätigen somit die ursprünglichen Befürchtungen. Das Kind spricht beispielsweise lieber nicht, um nichts Falsches zu sagen und hält keinen Blickkontakt, um keine irritierten Blicke zu ernten. Es verhält sich also in der Situation unabsichtlich so, dass die Situation auf keinen Fall erfolgreich bewältigt werden kann: vor Angst und Aufregung spricht es nicht, schaut lieber keinen an und beteiligt sich nicht. Typische Sicherheitsstrategien sind:
  - ganz schnell sprechen,
  - leise, undeutlich sprechen,
  - nach unten schauen,
  - sich auf Leistungssituationen excessiv vorbereiten.

Kennen Sie ein Beispiel aus dem Leben Ihres Kindes?	**Trifft zu** ☐
In diesem Fall notieren Sie sich hier einige Stichworte dazu und kreuzen Sie das Kästchen an:	

- *Lernen aus Erfolgen:* Erlebt das Kind häufig positive Konsequenzen, wenn es vor Situationen geflüchtet ist oder Situationen vermieden hat (im Bett bleiben, zu Hause bleiben, Pudding essen, kuscheln, getröstet werden etc.), so lernt es, dass Flucht und Vermeidung außerordentlich erstrebenswerte Konsequenzen haben. Alle sind nett, es ist gemütlich und kuschelig.

Das Vermeiden und Flüchten wird auf diese Weise kontinuierlich belohnt, die Flucht und Vermeidung wird beim nächsten Mal noch wahrscheinlicher.

Kennen Sie ein Beispiel aus dem Leben Ihres Kindes?	**Trifft zu** ☐
In diesem Fall notieren Sie sich hier einige Stichworte dazu und kreuzen Sie das Kästchen an:	

- *Ausweitung der Ängste auf ähnliche Situationen:* Die potenziell bedrohlichen Situationen werden generalisiert, das heißt, sie weiten sich auf einen immer größeren Teil des Alltages aus. War es anfänglich beispielsweise nur die Klassenarbeit in Mathematik, werden bald alle Leistungskontrollen zur bedrohlichen Situation und schließlich der Schulbesuch insgesamt.

Kennen Sie ein Beispiel aus dem Leben Ihres Kindes?	**Trifft zu** ☐
In diesem Fall notieren Sie sich hier einige Stichworte dazu und kreuzen Sie das Kästchen an:	

- *Mangelnde soziale Kompetenzen:* Durch mangelnde Übung sind die sozialen Kompetenzen oft nicht altersgemäß entwickelt. Die Kinder schaffen es nicht, ein anderes Kind zum spielen einzuladen, sie könnten es auch dann nicht, wenn sie ihre Angst überwinden würden, weil sie die dazugehörigen Fertigkeiten nicht beherrschen. Was uns so selbstverständlich scheint, ist eine komplexe und anspruchsvolle Leistung, denn das Kind muss gleichzeitig laut und deutlich sprechen, Blickkontakt halten, Kontakt aufnehmen, eine Frage stellen, das richtige Spiel vorschlagen und einen interessanten Eindruck erwecken. Sozial unsichere Kinder haben all diese Fertigkeiten nicht unbedingt parat.

Kennen Sie ein Beispiel aus dem Leben Ihres Kindes?	**Trifft zu** ☐
In diesem Fall notieren Sie sich hier einige Stichworte dazu und kreuzen Sie das Kästchen an:	
_____	
_____	
_____	

Auch *innere Vorgänge* spielen eine große Rolle bei der Ausweitung und Aufrechterhaltung von Ängsten:

- *Negative Gedanken:* Zu den aufrechterhaltenden Bedingungen gehören die negativen und selbstabwertenden Gedanken, die in angstauslösenden bzw. potenziell bedrohlichen Situationen auftreten. Das Kind denkt beispielsweise „Das wird nichts" „Ich schaff das nicht" „Ich bin ein Looser".

Kennen Sie ein Beispiel aus dem Leben Ihres Kindes?	**Trifft zu** ☐
In diesem Fall notieren Sie sich hier einige Stichworte dazu und kreuzen Sie das Kästchen an:	
_____	
_____	
_____	

- *Konzentration auf die eigenen Befürchtungen statt auf die Situation:* In der Situation verhindert die Konzentration auf die eigenen Ängste, dass das Kind kompetent reagieren kann, es kann schlechter nachdenken und macht einen merkwürdigen Eindruck auf die Anwesenden.

Kennen Sie ein Beispiel aus dem Leben Ihres Kindes?	**Trifft zu** ☐
In diesem Fall notieren Sie sich hier einige Stichworte dazu und kreuzen Sie das Kästchen an:	
_____	
_____	
_____	

- *Missglückte Informationsverarbeitung:* Die Konzentration auf die eigenen Befürchtungen führt dazu, dass das Kind nur noch wenig Kapazität hat, um sich auf die eigentliche Aufgabe zu konzentrieren, beispielsweise auf das Lösen einer Rechenaufgabe. Dies führt zu einer mangelhaften Informationsverarbeitung und schließlich meist zum Misserfolg.

Kennen Sie ein Beispiel aus dem Leben Ihres Kindes?	**Trifft zu** ☐
In diesem Fall notieren Sie sich hier einige Stichworte dazu und kreuzen Sie das Kästchen an:	

- *Negativer Selbstwert, negatives Selbstbild:* Die mit den negativen Gedanken verbundenen Gefühle wie Hilflosigkeit, Traurigkeit und Ängstlichkeit führen zu negativen Selbstwertgefühlen. Das Kind sieht sich als Versager, Looser oder armes Würstchen, dem eh nichts gelingen kann.

Kennen Sie ein Beispiel aus dem Leben Ihres Kindes?	**Trifft zu** ☐
In diesem Fall notieren Sie sich hier einige Stichworte dazu und kreuzen Sie das Kästchen an:	

- *Angst schon vor Beginn der Situation:* Die Erwartungsangst schon vor Beginn der Situation erzeugt eine starke körperliche Anspannung und Erregung. Dies wiederum führt zu körperlichen Symptomen wie rot werden, zittern, beben, wackeligen Knien, zittriger Stimme. Die Symptome können die Angst verstärken bis zur totalen Blockade.

Kennen Sie ein Beispiel aus dem Leben Ihres Kindes?	**Trifft zu** ☐
In diesem Fall notieren Sie sich hier einige Stichworte dazu und kreuzen Sie das Kästchen an:	

Weiterhin gibt es *äußere Einflüsse*, die dazu führen können, dass die Angst bestehen bleibt:

- *Behütender oder autoritärer Erziehungsstil* führt dazu, dass die Kinder wenig Gelegenheit haben, soziale Kompetenzen aufzubauen. Ebenso ungünstig ist es, wenn die Eltern selbst unsicher und ängstlich sind. Die Kinder übernehmen solche Verhaltensweisen, da die Eltern stets als Vorbilder und Modelle fungieren. So kann es vorkommen, dass Eltern unabsichtlich das ängstliche Verhalten begünstigen.

Kennen Sie ein Beispiel aus dem Leben Ihres Kindes? **Trifft zu** ☐

In diesem Fall notieren Sie sich hier einige Stichworte dazu und kreuzen Sie das Kästchen an:

- *Unabsichtliches Bestärken der Ängste:* Dies ist z. B. der Fall, wenn andere Kinder oder Erwachsene dem Kind besonders viel Aufmerksamkeit und Zuwendung schenken (durch trösten, gut zureden, kuscheln, einen Pudding zum Trost kochen etc.), wenn es ängstlich ist oder eine Situation nicht aufsuchen möchte.

Kennen Sie ein Beispiel aus dem Leben Ihres Kindes? **Trifft zu** ☐

In diesem Fall notieren Sie sich hier einige Stichworte dazu und kreuzen Sie das Kästchen an:

- *Etikettierung:* Dem Kind wird eine Art unsichtbares Etikett als „Randfigur" verpasst. Beispielsweise hören andere Kinder auf, es zum Geburtstag einzuladen, wenn es schon einmal nicht gekommen ist, Lehrkräfte rufen es nach mehreren Misserfolgen nicht mehr an die Tafel. Erzieherinnen im Kindergarten gewöhnen sich daran, dass ein Kind nicht mitmacht.

> **Kennen Sie ein Beispiel aus dem Leben Ihres Kindes?** Trifft zu ☐
>
> In diesem Fall notieren Sie sich hier einige Stichworte dazu und kreuzen Sie das Kästchen an:
>
> _____
>
> _____
>
> _____

- *Unfreundliche Reaktionen auf das unsicheres Verhalten:* Manchmal verhalten sich ängstliche Kinder nicht besonders nett. Sie lächeln nicht, geben keine Antwort, schauen niemanden an oder verkriechen sich. Das kann auf andere unfreundlich und abweisend wirken, so dass diese dann wiederum unfreundlich reagieren.

> **Kennen Sie ein Beispiel aus dem Leben Ihres Kindes?** Trifft zu ☐
>
> In diesem Fall notieren Sie sich hier einige Stichworte dazu und kreuzen Sie das Kästchen an:
>
> _____
>
> _____
>
> _____

All diese Faktoren führen dazu, dass das Kind immer weniger Lust hat, mit anderen Kontakt aufzunehmen und immer mehr Angst verspürt, sich dabei zu blamieren oder dass andere schreckliche Dinge passieren können. So hat es weniger Kontakt, entwickelt negative Ideen über sich selbst und die eigenen Fähigkeiten sowie Erwartungsangst.

5.6 Mögliches Erkärungsmodell für Ihr Kind

An dieser Stelle haben Sie die Gelegenheit, für Ihr Kind ein individuelles Erklärungsmodell zu entwickeln. Überlegen Sie als Eltern gemeinsam (ohne Ihr Kind), welche Faktoren wann eine Rolle gespielt haben könnten und tragen Sie diese in die Vorlage „Erklärungsmodell" ein. Sie können dazu Ihre Anmerkungen auf den letzten Seiten verwenden.

Erklärungsmodell

Aufrechterhaltende Bedingungen:

_____

_____

_____

_____

Ängste

Auslösendes Ereignis:

_____

_____

Vorausgehende Bedingungen:

_____

_____

_____

_____

6 Was tun? – Praktische Hilfen

6.1 Einführung

Um Ihrem Kind die Chance zu geben, Ängste abzubauen und Selbstbewusstsein aufzubauen, müssen wir Ihnen als Eltern Schwerstarbeit abverlangen. Jedoch nicht in dem Sinne, den Sie sich vielleicht vorstellen, etwa noch eindringlicher auffordern, noch mehr coachen, bitten, betteln, schimpfen und flehen. Sie sollen nichts vermitteln, erklären oder durchexerzieren. Wir möchten Ihnen an dieser Stelle sagen, dass wir uns bewusst darüber sind, dass Sie bereits alles versucht haben, dass Sie Ihr Bestes gegeben haben, dass dem Lesen dieses Ratgebers wahrscheinlich viele Stunden, Tage und Monate Bemühungen, Sorgen, Ängste und Stress vorausgegangen sind. Wir kennen diese Ängste gut und könnten uns darauf beschränken, Ihnen unser Mitgefühl auszudrücken. Davon hätten Sie jedoch nicht viel. Daher werden wir Sie stattdessen anfeuern, herausfordern, anspornen, verwirren, inspirieren und hoffentlich auch hin und wieder zum Lachen bringen. Erlauben Sie uns, mit Ihnen als Eltern Klartext zu reden. Seien Sie versichert: Der Ernst der Lage ist uns bewusst. Gerade deshalb machen wir diese etwas ungewöhnlichen Vorschläge.

Was wir von Ihnen erwarten und wünschen ist Mut zum Risiko. Vertrauen Sie Ihrem Kind und darauf, dass Sie es schaffen, Leichtigkeit und Freude in dieses schwere Thema einkehren zu lassen. Jedes gemeinsame Kichern mit Ihrem Kind wird Sie einen Schritt weiterbringen. Wagen Sie es, die Schwierigkeiten gemeinsam mit Ihrem Kind und mit einer großen Portion Entdeckerfreude und Elternstolz anzugehen.

6.2 Der 12-Punkte-Plan für Eltern

Wir möchten Sie bitten, die folgenden 12 Punkte ernst zu nehmen, aber auch unserem Humor zu folgen:

- **Schritt 1:** Hören Sie auf, Ihrem Kind erklären zu wollen, wie man sich als 5-, 7- oder 10-jähriges Kind am besten verhält, wenn man sich etwas nicht traut. Gestehen Sie sich ein: Sie sind nicht mehr 5, 7 oder 10 Jahre alt und haben vom Alltag in diesem Alter keine Ahnung mehr. Ihr Kind hat selbst 1.000 gute Ideen.

- **Schritt 2:** Setzen Sie sich. Versuchen Sie herauszufinden, was überhaupt los ist. Wählen Sie eine konkrete Situation. Wer macht was, wann, wie, warum, und was macht Ihr Kind, wann, wie, warum? Ihr Kind hat wahrscheinlich eine ziemlich genaue Vorstellung davon, was, wann, wie, warum eigentlich los ist (Falls Ihnen sofort eine Lösung einfällt, denken Sie an Schritt 1!).

- **Schritt 3:** Was wünscht sich Ihr Kind? Was würde Ihr Kind gerne anders machen? Fragen Sie. Hören Sie zu. Werten Sie nicht. Ein Wunsch ist die Geburtsstunde jeder Handlung.

- **Schritt 4:** Fassen Sie für Ihr Kind zusammen, was Sie verstanden haben. Stimmt es so auch? Ansonsten lassen Sie es sich erneut erklären. Wir Erwachsenen sind nun mal nicht die schnellsten und hellsten Experten in Kinderwelten. Ihr Kind wird sich freuen, auf diese Weise ernst genommen zu werden und sich als kompetent erleben.

- **Schritt 5:** Achtung, höchste Schwierigkeitsstufe. Lesen Sie unbedingt Punkt 1 noch einmal. Ideensammlung mit Ihrem Kind: Was könnte es tun? Alle Vorschläge sind erlaubt. Tragen Sie lieber einen verrückten Vorschlag bei als einen vernünftigen. Sie sollten unbedingt gemeinsam mit Ihrem Kind kichern. Wenn sich die Spannung löst, wird Ihr Kind wieder Zugang zu seiner Kreativität haben. In Ihrem Kind schlummert die Lösung.

- **Schritt 6:** Welche Idee gefällt Ihrem Kind am besten? Hier kommt Ihr Part: Falls Ihnen eine Lösung aggressiv oder unsinnig erscheint, führen Sie diese Lösung durch gemeinsames Zu-Ende-denken ad absurdum. Die Idee, die vom Kind schließlich gewählt wird, ist schlichtweg großartig. Gehen Sie umgehend zu Schritt 7 über:

- **Schritt 7:** Loben Sie Ihr Kind! Freuen Sie sich mit Ihrem Kind und über Ihr Kind! Es hat fast ohne es zu bemerken eine eigene Lösung entwickel und einen Ausweg entdeckt. Loben Sie ehrlich, ausgiebig und von Herzen.

- **Schritt 8:** Umsetzung der Idee: Was wäre der erste klitzekleinste Schritt auf dem Weg zur Lösung? Ihre Aufgabe ist es hierbei, darauf zu achten, dass die Anforderung nicht zu hoch ist. Sie müssen prüfen, ob Zwischenschritte notwendig sind. Hier erlebt sich das Kind in der Vorstellung schon als Handelnder, traut sich etwas zu. Dies ist ein ganz entscheidender Schritt, denn mutig sein, findet immer erst in Gedanken statt.

- **Schritt 9:** Planungsphase: Formulieren Sie den Plan ganz konkret. Was sagt das Kind, was macht es ganz konkret. Sprechen Sie Worte und Handlungen ab. Je konkreter und einfacher, desto besser. Keine komplizierten Wenn-dann-Gebilde. Die Idee wird lebendig. Je klarer der Plan für das Kind wird, desto weniger schwer wird die Umsetzung. Das Kind wird mit der Idee vertraut, und fühlt, dass es sein Leben wirklich beeinflussen kann. Hier ist die Stelle, an der Sie bereits stolz auf Ihr Kind sein können.

- **Schritt 10:** Auf Misserfolg vorbereiten: Es könnte sein, dass es nicht gleich beim ersten Mal wie gewünscht klappt. DAS MACHT NICHTS. Hier führen Sie den Satz ein, den Til Tiger in diesen Fällen zu sagen pflegt: „Macht nichts, aber morgen!" Nehmen Sie diesen Satz gleich in Ihr Standardprogramm für die Zukunft auf. Kurzfristige Misserfolge ändern nichts daran, dass Ihr Kind langfristig Erfolg haben wird. Ihr Kind wird Ihr Vertrauen in seine Fortschritte spüren, und zwar unabhängig von Rückschlägen.

- **Schritt 11:** Erprobungsphase. Jetzt glauben Sie an Ihr Kind. Hat es geklappt? Wenn auch nur eine Winzigkeit geklappt hat, loben Sie! Auch Gedanken und Versuche sind großartig! Hat es nicht geklappt? Ermutigen Sie! „Macht nichts, aber morgen!" Überlegen Sie gemeinsam, ob der Plan leicht abgeändert werden soll oder genau so noch einmal versucht werden soll. Seien Sie an dieser Stelle auf jeden Fall optimistisch. Lassen Sie keine Zweifel an der Kompetenz Ihres Kindes zu. Ihr Kind schafft das. Der Schlüssel heißt Leichtigkeit. Ihr Kind ist auf dem Weg und fühlt es auch. Unterstützen Sie es dabei. Denken Sie hier noch mal an Punkt 1.

- **Schritt X (jederzeit einsetzbar):** Wenn sich Ihr Kind mutlos oder traurig fühlt, verfallen Sie auf keinen Fall mit in die Verzweiflung und Hilflosigkeit, trösten Sie nicht und beklagen Sie nicht die Grausamkeit der Welt und deren Bewohner. Glauben Sie an die Fähigkeiten und die Großartigkeit Ihres Kindes und strahlen Sie dies nach Möglichkeit auch aus. Entwickeln Sie vor Ihrem inneren Auge ein Bild Ihres Kindes, wie es sich entwickelt und wächst, wie es Dinge bewältigt und stolz auf seine Fortschritte blickt. Halten Sie sich dieses Bild immer wieder vor Augen.

6.3 Etappenziele festlegen

Sammeln Sie gemeinsam mit Ihrem Kind Veränderungswünsche: In welchem Bereich, in welchen Situationen möchte es mutiger werden? Suchen Sie maximal vier Veränderungen aus, die Sie gemeinsam in Angriff nehmen möchten und notieren Sie diese. Lassen Sie Ihr Kind entscheiden, welches Ziel am leichtesten zu erreichen sein könnte und tragen Sie dieses unter „Veränderungswunsch 1" ein. Das schwierigste Ziel kommt zuletzt.

Etappenziele festlegen:
Veränderungswunsch 1: _____
Veränderungswunsch 2: _____
Veränderungswunsch 3: _____
Veränderungswunsch 4: _____

Sollten Sie bzw. Ihr Kind irgendwann alle Ziele erreicht haben, steht es Ihnen natürlich frei, weitere Ziele/Veränderungswünsche zu formulieren.

6.4 Til Tiger, Eule und Co. – Helfer zum Mutigwerden

In unserem Training „Mutig werden mit Til Tiger" verwenden wir die Geschichte des schüchternen Tigers Til, der den Kindern beim Mutigwerden hilft. Im Anhang des Ratgebers ist diese Geschichte abgedruckt (vgl. S. 71 f). Sie soll Ihnen und Ihrem Kind Anregungen geben, wie Sie mit verschiedenen Herausforderungen umgehen können. In der Geschichte, die auch als Hörspiel-CD erhältlich ist (ISBN 978-3-8017-1822-0), lernt Ihr Kind Til Tiger kennen. Til Tiger ist ein schüchterner Tiger, der lernen möchte, wie man mutig wird. Dabei hilft ihm die Eule, die im Wald wohnt und viele Tricks weiß. In der Geschichte wird Ihr Kind dazu angeregt, Ideen zum Mutigwerden zu entdecken.

Der Tiger hat verschiedene Funktionen: Der Tiger ist ein Modell. Der Tiger macht ein Training bei der Eule zum Mutigwerden, er erzählt Ihrem Kind, was er gelernt hat. Er ist immer stolz auf das, was er geschafft hat. Er vermittelt eine positive Selbstbewertung. Bei jeder neuen Situation ist er immer auch ein bisschen ängstlich. Der Tiger ermöglicht es den Kindern, ihre Leistungen als Erfolge zu sehen. Der Tiger macht Spaß. Der Tiger motiviert. Dies ist besonders bei überhaupt nicht oder wenig motivierten Kindern von entscheidender Bedeutung. Auch wenn die Kinder selbst nicht unbedingt einen Anlass sehen, mutiger zu werden, auf das Angebot, mit dem Tiger Tricks von der Eule auszuprobieren, lassen sie sich ein. Der Tiger fasziniert. Die Geschichte rund um den Tiger mit der Eule im Wald hat märchenhafte Züge, die die Kinder faszinieren und sie zu eigenen Ideen, Bildern und Geschichten rund um den Tiger inspirieren.

6.5 Die Wanderkarte

Auf der „Wanderkarte" (vgl. Vorlage im Anhang, S. 121) ist ein Weg mit sieben Stationen abgebildet, die die sieben Tage der Woche darstellen. Überlegen Sie jede Woche zusammen mit Ihrem Kind ein Etappenziel für die Wanderkarte. Ideen Ihres Kindes haben Vorrang. Jeden Abend überlegt Ihr Kind, ob es sich etwas getraut hat. Wenn ja, malt das Kind den Tiger, der den Tag repräsentiert, an. Wenn nicht, sagt sich das Kind „Macht nichts, aber morgen."

Die Wanderkarte hat zwei Funktionen: Einerseits können Kinder durch das Ausfüllen der Wanderkarte besser wahrnehmen und damit auch würdigen, wenn sie etwas geschafft haben. Andererseits erhöht sie die Wahrscheinlichkeit, dass sie sich trauen, etwas Neues auszuprobieren. Diese förderlichen Effekte sind in der Forschung gut belegt. Besprechen Sie am Ende der Woche mit Ihrem Kind die Wanderkarte. Dabei haben Sie keinerlei Schiedsrichterfunktion! Sie entscheiden nicht, ob das Kind mutig war oder nicht. Ihre Aufgabe ist es, Ihr Kind zu loben und zu bestärken. Loben Sie Ihr Kind und freuen Sie sich mit ihm über die Fortschritte. Loben Sie ausgiebig und von

Abbildung 6: Beispiel für das Bearbeiten der Wanderkarte

Herzen, auch wenn nur wenige Tiger oder nur einer ausgefüllt sind. Vielleicht fällt Ihnen ja noch eine weitere Situation ein, in der Ihr Kind mutig war. Nehmen Sie sich Zeit, auf Ihr Kind stolz zu sein und den Stolz mit ihm zusammen zu genießen. Überlegen Sie gemeinsam kleine Belobigungen, die dem Kind Freude bereiten und Sie nicht arm machen (z. B. gemeinsame Aktivitäten, Lieblingsessen kochen, Nachtisch aussuchen, Lieblingsspiel spielen, Lieblingsaktivität, kleine Belohnungen wie Seifenblasen, Aufkleber etc.). Sie sollten niemals bestrafen oder Enttäuschung zeigen, wenn es nicht geklappt hat. Vielmehr sollten Sie ermutigen, das Thema vereinfachen und erneut angehen.

6.6 Elterntagebuch

Sie können die Forschritte Ihres Kindes unterstützen, indem Sie selbst täglich ein Tagebuch ausfüllen (vgl. Vorlage im Anhang, S. 122). Es wird Ihnen ermöglichen, auch kleine Fortschritte Ihres Kindes im Alltag zu erfassen. Damit fördern Sie die positive Entwicklung Ihres Kindes. Ähnlich wie der Selbstbeobachtungsbogen (Wanderkarte) für Ihr Kind erhöht die Beobachtung der gewünschten Verhaltensweisen die Wahrscheinlichkeit, dass diese auftreten. Sie können das Tagebuch auch abwandeln und Erzieher/Lehrkräfte bitten, es ebenfalls auszufüllen.

> **Achtung:**
>
> Das Elterntagebuch ist nicht für die Auswertung mit Ihrem Kind bestimmt, sondern nur für Sie als Eltern. Sie können so über mehrere Wochen die Entwicklung Ihres Kindes verfolgen und fördern. Das Tagebuch ist natürlich geheim. Ihr Kind sollte sich nicht beobachtet fühlen. Loben ist selbstverständlich wichtig und unerlässlich!

6.7 Wie können Sie Ihr Kind im Alltag unterstützen?

Sie können Ihr Kind im Alltag unterstützen, wenn Sie folgende Punkte berücksichtigen:
- *Gelegenheit zum Üben geben:* Wenn Ihr Kind sich vorgenommen hat, ein Kind zum Spielen einzuladen, ist es wichtig, dass es auch die Möglichkeit dazu bekommt.
- *Loben, loben, loben:* Wenn das Kind etwas geschafft hat, loben Sie es! Es gibt nichts Wichtigeres für ein Kind als das Lob der Eltern, wenn es etwas gut gemacht hat. Loben Sie auch kleine Fortschritte. Loben Sie gleich, möglichst konkret und mit positiven Worten. Zum Beispiel: „Toll! Du hast alleine ein Kind angesprochen!" Auf keinen Fall: „Gott sei Dank! Nicht so ein Theater wie letztes Mal!"
- *Lassen Sie Ihr Kind die Geschwindigkeit bestimmen:* Es ist nicht günstig, das Kind ständig aufzufordern bzw. anzuschubsen („Nun mach doch mal, trau dich jetzt ..."). Konzentrieren Sie sich auf die positiven Leistungen des Kindes. Auch kleinste Fortschritte sind großartig.
- *Wenn das Kind im Alltag aus Angst etwas nicht macht:* Wenn es z. B. aus Angst nicht zum Arzt gehen will o. Ä. Sie tun dem Kind keinen Gefallen, wenn Sie sein Vermeidungsverhalten unterstützen, indem Sie dann tatsächlich nicht zum Arzt gehen. Der nächste Versuch wird für das Kind erheblich schwieriger. Versuchen Sie, ruhig und konsequent zu bleiben. Sie

können eine kleine Belohnung in Aussicht stellen, die das Kind dann im Anschluss bekommt. Wenn es zum Arzt gegangen ist, loben, loben, loben. Bitte nicht schimpfen („Ich weiß gar nicht, warum du immer so ein Theater machst, war doch gar nicht schlimm" etc.).
- *Verstärken Sie keinesfalls Vermeidungsverhalten!* Nicht tröstend in die Arme schließen („Ach du Armes .."). Bleiben Sie ruhig und freundlich, ermutigen Sie das Kind, sich der Situation zu stellen. Wenn es dieses Mal nicht geht, vielleicht klappt es ja beim nächsten Mal. Lassen Sie keinen Zweifel daran, dass Ihr Kind demnächst die Aufgabe bewältigen wird.
- *Lassen Sie Ihrem Kind Zeit:* Vieles hat sich über Jahre eingespielt. Ein Kind wird nicht von jetzt auf gleich selbstbewusst. Geben Sie Ihrem Kind Zeit, loben Sie seine Fortschritte. Selbstbewusstsein entwickelt sich langsam und in kleinen Schritten.
- *Merken Sie sich folgenden Satz:* „**Macht nichts, aber morgen!**"

6.8 Progressive Muskelentspannung

Die Muskelentspannung ist für sozial unsichere Kinder besonders günstig, da sie direkt in der stressigen oder angstbesetzten Situation einsetzbar ist. Erproben Sie mit Ihrem Kind erst die Langversion, wenn diese klappt, kann auf die Kurz- und die Blitzentspannung übergegangen werden.

Vor der Durchführung der progressiven Muskelentspannung klären Sie bitte mit Ihrem Kinderarzt ab, ob Ihr Kind an Erkrankungen leidet, bei der Entspannungsübungen nicht empfehlenswert sind. Beispielsweise ist bei Migräne und Asthma während einer Attacke die Durchführung einer Entspannungsübung nicht empfehlenswert, grundsätzlich ist der Einsatz von Entspannungsübungen jedoch auch bei diesen Störungen sinnvoll. Bei Epilepsie, Herzrhythmusstörungen, akuter depressiver Episode, Psychosen usw. sind Entspannungsübungen prinzipiell nicht einsetzbar.

Vor dem Einüben der Entspannungsübungen klären Sie die Begriffe „Entspannung" und „Anspannung" und veranschaulichen Sie die Begriffe, indem Sie gemeinsam die Fäuste ballen und die Hände locker ausschütteln. Die Anspannung und Entspannung jeder Muskelgruppe sollte einzeln mit den Kindern ausprobiert werden.

Langversion

„Es gibt da einen tollen Trick. Ich zeige dir, wie du lernen kannst, dich ganz schnell zu entspannen, eine Blitzentspannung sozusagen. Ich zeige es dir. Setz dich bequem hin und mach mir alles nach. Als erstes versuchen wir, mit der Schreibhand eine feste Faust zu machen. Jetzt anspannen! Genau so! Stopp!

Entspannen. Lass alle Muskeln schlapp werden und die Finger herunter hängen. Ja! Prima! Spürst du den Unterschied zwischen der Anspannung und der Entspannung?

Als nächstes versuchen wir, den Schreibarm fest anzuspannen, wie ein Bodybuilder. Jetzt anspannen! Genau so! Stopp! Entspannen. Ja! Prima. Spürst du den Unterschied zwischen der Anspannung und der Entspannung?

Als nächstes versuchen wir, mit der anderen Hand eine feste Faust zu machen Jetzt anspannen! Genau so! Stopp! Entspannen. Ja! Prima. Spürst du den Unterschied zwischen der Anspannung und der Entspannung?

Als nächstes versuchen wir, den Arm fest anzuspannen, wie ein Bodybuilder. Jetzt anspannen! Genau so! Stopp! Entspannen. Ja! Prima. Spürst du den Unterschied zwischen der Anspannung und der Entspannung?

Als nächstes versuchen wir, den Oberschenkel fest anzuspannen, ich mache es dir vor. Jetzt anspannen! Genau so! Stopp! Entspannen. Ja! Prima! Spürst du den Unterschied zwischen der Anspannung und der Entspannung?

Als nächstes versuchen wir, den anderen Oberschenkel fest anzuspannen, ich mache es dir vor. Jetzt anspannen! Genau so! Stopp! Entspannen. Ja! Prima. Spürst du den Unterschied zwischen der Anspannung und der Entspannung?

Als nächstes versuchen wir, die Schultern fest hochzuziehen, ich mache es dir vor. Jetzt anspannen. Genau so! Stopp! Entspannen. Ja! Prima. Spürst du den Unterschied zwischen der Anspannung und der Entspannung?

Als nächstes versuchen wir, eine ganz runzelige Nase zu machen. Jetzt anspannen! Genau so. Stopp! Entspannen. Ja! Prima. Spürst du den Unterschied zwischen der Anspannung und der Entspannung?

Als nächstes versuchen wir, ein ganz angespanntes Gesicht zu machen. Ich mache es dir vor. Jetzt anspannen! Genau so. Stopp! Entspannen. Ja! Prima. Spürst du den Unterschied zwischen der Anspannung und der Entspannung?

> Als nächstes versuchen wir, die Hände, die Arme und die Oberschenkel fest anzuspannen, ich mache es dir vor. Jetzt anspannen! Genau so! Stopp! Entspannen. Ja! Prima! Das machst du ganz toll! Spürst du den Unterschied zwischen der Anspannung und der Entspannung?"

Mit dem Kind wird eine ganz kurze Muskelentspannung durchgeführt. Es soll erst die Schreib- bzw. Malhand zur Faust ballen und ganz fest anspannen, zwei Sekunden halten, und entspannen. Dann die andere Hand zur Faust machen und ganz fest anspannen, zwei Sekunden halten, und auf „Stopp!" entspannen. Dann beide Hände zur Faust ballen und ganz fest anspannen, zwei Sekunden halten, und entspannen. Loben!

Minimuskelentspannung

> „Ich zeige dir jetzt einen Trick, wie man sich prima entspannen kann. Ich mache es dir vor. Nimm die Hand, mit der du schreibst. Wenn ich ‚jetzt' sage, ballst du sie zur Faust und spannst ganz fest an. Jetzt anspannen! (Pause) Stopp! Entspannen! Prima!
>
> Das machen wir jetzt auch noch mit der anderen Hand. Wenn ich ‚jetzt' sage, ballst du sie zur Faust und spannst ganz fest an. Jetzt anspannen! (Pause) Stopp! Entspannen! Prima!"

Nun zeigen Sie Ihrem Kind das Zauberwort. Erst soll sich Ihr Kind vorstellen, dass sie gestresst seien und möglichst viele Muskeln anspannen. Dann kommt das Zauberwort: „Stopp! Entspannen." Das Kind soll alle Muskeln entspannen. Diese Übung wir einige Male wiederholt.

Blitzentspannung

> „So, jetzt machen wir die Muskelentspannung. Dabei zeige ich dir ein Zauberwort. Stellt dir vor, du wärest ganz furchtbar im Stress. Es ist alles zu viel für dich. Du weißt gar nicht, wo dir der Kopf steht. Spann so viele Muskeln wie möglich an. Jetzt kommt das Zauberwort: ‚Stopp! Entspannen'. Nun lass alle Muskeln ganz schlapp werden. Ganz locker. Prima! Spürst du den Unterschied zwischen der Anspannung und der Entspannung? Das machen wir gleich noch einmal. Stellt dir noch mal vor, du wärst ganz furchtbar im Stress. Es ist alles zu viel für dich. Du weißt gar

nicht, wo dir der Kopf steht. Spann so viele Muskeln wie möglich an. Nun kommt das Zauberwort: ‚Stopp! Entspannen'. Nun lass alle Muskeln ganz schlapp werden. Ganz locker. Prima! Spürst du den Unterschied zwischen der Anspannung und der Entspannung? Das hast du ganz toll gemacht!"

6.9 Teilnahme an einer Trainingsgruppe „Mutig werden mit Til Tiger"

Sollte in Ihrer Nähe eine Trainingsgruppe „Mutig werden mit Til Tiger" angeboten werden, so ist die Teilnahme auf alle Fälle empfehlenswert. Informationen dazu finden Sie auf unter www.Til-Tiger-Training.de.

Literatur

Amidon, E. & Simon, A. (1965). Teacher-pupil interaction. *Review of Educational Research, 35* (2), 130–139.

Asendorpf, J. B. & Meier, G. H. (1993). Personality effects on children's speech in everyday life: Sociability-mediated exposure and shyness-mediated reactivity to social situations. *Journal of Personality & Social Psychology, 64* (6), 1072–1083.

Asendorpf, J. B & van Aken, M. A. G. (1994). Traits and relationship status: Stranger versus peer group inhibition and test intelligence versus peer group competence as early predictors of later self-esteem. *Child Development, 65* (6), 1786–1798.

Asendorpf, J. B. (1993). Abnormal shyness in children. *Journal of Child Psychology and Psychiatry and Allied Disciplines, 34* (7), 1069.

Barlow, D. H. (1988). Future directions. In C. G. Last & M. Hersen (Eds.), *Handbook of anxiety disorders.* Elmsford, NY: Pergamon Press.

Blechman, E. A., McEnroe, M. J., Carella, E. T. & Audette, D. P. (1986). Childhood of combined measures. *Archives of General Psychiatry, 95* (3), 223–227.

Bonney, M. E. (1943). The relative stability of social, intellectual, and academic status in grades II to IV, and the inter-relationship between these various froms of growth. *Journal of Educational Psychology, 34,* 88–102.

Burk, B. & Wittchen, H.-U. (1991). Modifizierte Anwendung eines Trainings für sozial unsichere Kinder aus soziostrukturell benachteiligten Schichten. *Zeitschrift für Klinische Psychologie, Psychopathologie und Psychotherapie, 39,* 69–87.

Buswell, M. M. (1953). The relationship between the social structure of the classroom and the academic success of the pupils. *Journal of Experimental Education, 22,* 37–52.

Byars, K. C., Brown, R. T., Campell, R. M. & Hobbs, S. A. (2000). Psychological adjustment and coping in a population of children with recurrent syncope. *Journal of Developmental & Behavioral Pediatrics, 21* (3), 189–197.

Connoly, J. (1989). Social self-efficacy in adolescence: Relations with self-concept, social adjustment and mental health. *Canadian Journal of Behavioral Sciences, 21* (3), 258–269.

Davidson, J. R., Hughes, D. L., Georege, L. K. & Blazer, D. G. (1993). The epidemiology of social phobia: Findings from the Duke Epidemiological Catchment Area Study. *Psychological Medicine, 23* (3), 709–718.

Dodge, K. A. & Feldmann, E. (1990). Issues in social cognition and sociometric status. In S. R. Asher & J. D. Coie (Eds.), *Peer rejection in child-*

hood. Cambridge studies in social and emotional development (pp. 119–155). New York: Cambridge University Press.

Dodge, K. A., Murphy, R. M. & Buchsbaum, K. (1984). The assessment of intention-cue detection skills in children: Implications for developmental psychopathology. *Child development, 55*, 163–173.

Döpfner, M., Schlüter, S. & Rey, E. R. (1981). Evaluation eines sozialen Kompetenztrainings für selbstunsichere Kinder im Alter von neun bis zwölf Jahren. Ein Therapievergleich. *Zeitschrift für Kinder- Jugendpsychiatrie, 9*, 233–252.

Eckert, C. (2001). *Überprüfung der Wirksamkeit eines Trainings der Sozialen Kompetenz für sprachgestörte Kinder*. Diplomarbeit Martin-Luther-Universität Halle-Wittenberg, Institut für Psychologie.

Epkins, C. C. (1996). Affectiv confounding in social anxiety and dysporia in children – child, mother, and father reports of internalizing behaviors, social problems, and competence domains. *Journal of Social & Clinical Psychology, 15* (4), 449–470.

Essau, C. A., Karpinski, N. A. & Petermann, F. & Conradt, J. (1998). Häufigkeit und Komorbitität von Angststörungen bei Jugendlichen. Ergebnisse der Bremer Jugendstudie. *Verhaltenstherapie, 8*, 180–187.

Esser, G., Ihle, W., Schmidt, M. & Blanz, B. (1996). *Psychische Störungen vom Kindes- zum Erwachsenalter – Entstehungsbedingungen und Verlauf in Ost und West*. Abschlussbericht, Förderkennzeichen: 01EP9503/0. Potsdam, interner Forschungsbericht.

Federer, M., Margraf, J. & Schneider, S. (2000), Leiden schon Achtjährige an Panik? Prävalenzuntersuchung mit Schwerpunkt Panikstörung und Agoraphobie. *Zeitschrift für Kinder-und Jugendpsychiatrie und Psychotherapie, 28*, 205–214.

Hock, E. & Schirtzinger, M. B. (1992). Maternal separation anxiety: Its developmental course and relation to maternal mental health. *Child Development, 63* (1), 93–102.

Hofmann, S. G., Ehlers, A. & Roth, W. T. (1995). Conditioning theory: A model for the etiology of public speaking anxiety? *Behaviour Reaseach & Therapy, 33* (5), 567–571.

In-Albon, T. & Schneider, S. (2007). Ängste bei Kindern und Jugendlichen. *Deutsche Angst-Zeitschrift daz, Nr. 38*, II, 4–10.

Inderbitzen, H. M. & Hope, D. A. (1995). Relationship among adolescent reports of social anxiety, anxiety, and depressive symptoms. *Journal of Anxiety Disorders, 9* (5), 385–396.

Kagan, J. (1988). The idea of emotion in human development. In C. E. Izard & J. Kagan (Eds.), *Emotions, cognition, and behavior*. New York, NY: Cambridge University Press.

Kashani, M. D. & Orvaschel, P. D. (1990). A community study of anxiety in children and adolescents. *American journal of psychiatry, 147,* 313–318.

Kubar, W. L. (2000). *Social adjustment in children with cancer.* Dissertation Abstracts International; Section B: The Sciences & Engineering. Univ Microfilms International.

LaGreca, A. M. & Lopez, N. (1998). Social anxiety among adolescents: linkages with peer relations and friendship. *Journal of Abnormal Child Psychology, 26* (2), 83–94.

LaGreca, A. M. & Stone, W. L. (1993). Social Anxiety Scale for children-Revised: Factor structure and concurrent validity. *Journal of Clinical Child Psychology, 22* (1), 17–27.

Lübben, K. & Pfingsten, U. (1999). Soziales Kompetenztraining als Intervention für sozial unsichere Kinder. In J. Margraf & K. Rudolf (Hrsg.), *Soziale Kompetenz – soziale Phobie. Anwendungsfelder, Entwicklungslinien, Erfolgsaussichten.* Baltmannsweiler: Schneider.

Melfsen, S. (1998). Die deutsche Fassung der Social Anxiety Scale for Children Revised (SASC-R-D): Psychometrische Eigenschaften und Normierung. *Diagnostica, 44* (3), 153–163.

Petermann, F. & Petermann, U. (1996). *Training mit sozial unsicheren Kindern. Einzeltraining, Kindergruppen, Elternberatung* (6., überarb. Aufl.). Weinheim: PVU.

Petermann, U. (1994). Training mit sozial unsicheren Grund- und Vorschulkindern. In F. Petermann (Hrsg.), *Verhaltenstherapie mit Kindern.* (2., überarb. und erw. Aufl.; S. 209–236). Baltmannsweiler: Schneider.

Pfingsten, U. (1991). Soziale Kompetenzen und Kompetenzprobleme. In R. Hinsch & U. Pfingsten (Hrsg.), *Gruppentraining sozialer Kompetenz.* Weinheim: PVU.

Plück, J., Döpfner, M. & Lehmkuhl, G. (2000). Internalisierende Auffälligkeiten bei Kindern und Jugendlichen in Deutschland. Ergebnisse der PAK-KID-Studie. *Kindheit und Entwicklung, 3,* 133–142.

Rice, M. L. (1993). Social consequences of specific language impairment. In H. Grimm & H. Skowronek (Eds.), *Language acquisition problems and reading disorders: Aspects of diagnosis and intervention* (pp. 111–128). Berlin: de Gruyter.

Schneider, S. (2003). *Angststörungen bei Kindern und Jugendlichen.* Heidelberg: Springer.

Shelby, M. D., Nagle, R. J., Barnett-Queen, L. L., Quattlebaum, P. D. & Wuori, D. F. (1998). Parental reports of psychosocial adjustment and social competence in child survivors of acute lymphocytic leukemia. *Children's Health Care, 27* (2), 113–129.

Slee, P. T. (1994). Situational and interpersonal correlates of anxiety associated with peer victimisation. *Child Psychiatry & Human Development, 25* (2), 97–107.

Steinhausen, H. C., Winkler Metzke, C., Meier, M. & Kannenberg, R. (1998). Prevalence of child and adolecent psychiatric disorders; the Zürich epidemiologicel study. *Acta Psychiatrica Scandinavia, 98,* 262–271.

Studie der R + V-Versicherung (2006). *Die Ängste der Kinder 2006.* Zugriff am 29. 07. 2008. http://www.ruv.de/de/presse/download/pdf/aengste_der_kinder_2006/20060607_grafiken_aengste_kinder_2006.pdf.

Wall, B. A. (2000). *Social adjustment and perception of disease severity in children with juvenile rheumatoid artitis.* Dissertation Abstracts International: Section B: The Sciences & Engineering.

WHO/Dilling, H. et al. (Hrsg.). (2005). *Internationale Klassifikation psychischer Störungen (ICD-10). Klinisch-diagnostische Leitlinien.* Bern: Huber.

Anhang

Til Tiger

Das ist die Geschichte
von Til Tiger.

Til Tiger ist genauso
alt wie du.

Er hat ein schönes, gelb-schwarzes Fell, blitzende schwarze
Augen und Schnurrhaare. Er wohnt mit seiner Tigerfamilie in
einer Tigerhöhle.

Sonntag morgens frühstückt die Tigerfamilie im Bett. Das macht Spaß. Sie krümeln und knuddeln und machen eine Kissenschlacht. Dann ist Til Tiger glücklich. Til ist auch glücklich, wenn er eine schöne Blume sieht und an ihr riecht.

Til Tiger ist auch glücklich, wenn er mit seiner Freundin Lena ein Lager im Wald baut. Til Tiger ist auch glücklich, wenn er mit Papa Tiger Fische fangen geht. Til Tiger ist auch glücklich, wenn er mit Mama Tiger Verstecken spielt.

Manchmal ist Til Tiger auch traurig. Einmal sollte er alleine in den Wald gehen und Holz sammeln. Aber er hat sich nicht getraut. Er saß in dem Gebüsch gleich neben der Tigerhöhle und wollte nie wieder rauskommen. Gott sei Dank hat Mama Tiger ihn gefunden und getröstet.

Einmal war ein neuer Tiger in der Klasse. Til hätte ihn zu gerne zum Spielen eingeladen. Aber er hat sich nicht getraut. Da war er sehr traurig.

Einmal sollte er vor der Tigerklasse ein Gedicht aufsagen. Er war so aufgeregt, dass er nur ganz leise sprechen konnte. Die anderen haben gelacht. Da war Til Tiger sehr traurig.

Einmal war die Tigerfamilie fein essen. Til Tiger musste mal für kleine Köngstiger. Aber er hat sich nicht getraut. Dann hat er so lange ausgehalten, wie es ging. Als er nicht mehr konnte, hat er einen kleinen See direkt unter sich gemacht. Das war ihm sehr peinlich.

Einmal haben die anderen Tiger ein Weitspringen gemacht. Til Tiger hätte zu gerne mitgemacht, aber er hat sich nicht getraut. Da war er sehr traurig.

Manchmal kann Til Tiger abends nicht einschlafen. Dann liegt er im Bett und denkt: „Alle anderen sind viel mutiger als ich! Ich habe immer Angst! Was soll ich bloß machen?"

Mama und Papa Tiger machten sich Sorgen. „Wir haben Til so lieb", sagte Mama Tiger. „Wie können wir ihm bloß helfen, damit er nicht mehr so oft traurig ist?" Sie grübelten und grübelten. „Wir müssen ihm helfen zu lernen, wie man mutig wird!", sagte der Tigerpapa. „Ich hab's! Wir fragen die Eule! Vielleicht weiß die einen Rat!" „Gute Idee", sagte Mama Tiger, „so machen wir es!"

Bei der Eule

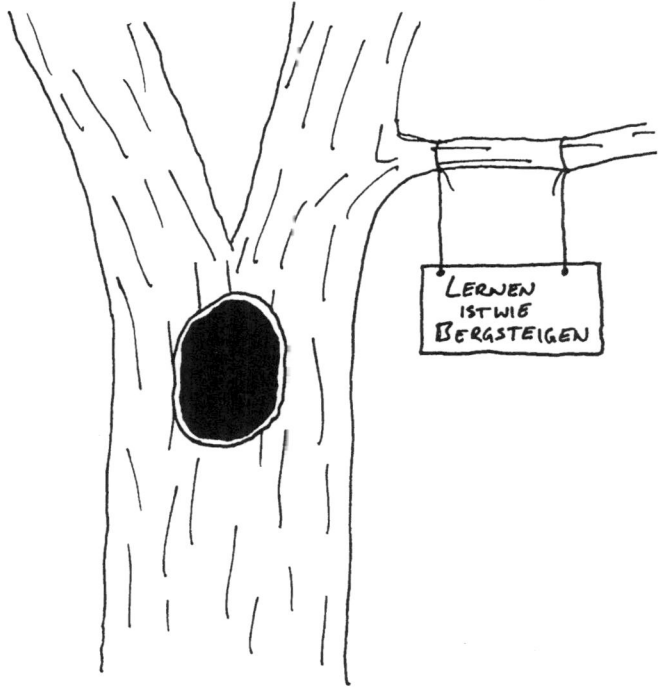

Am nächsten Morgen besuchten Mama, Papa und Til Tiger die Eule. An ihrem Baum hing ein Schild, da stand: „Lernen ist wie Bergsteigen." „Lernen ist wie Bergsteigen?", murmelte Til Tiger. „Was soll denn das bedeuten?" „Das werde ich dir erklären", sagte die Eule, die aus ihrer Baumhöhle gekrabbelt kam. „Was willst du denn gerne lernen?"

Til Tiger wurde ein bisschen rot. Er war so aufgeregt, dass er fast kein Wort herausgebracht hätte. Doch dann sagte er leise: „Ich möchte gerne ein mutiger Tiger werden."

„Gut!", sagte die Eule. „Beim Bergsteigen wäre das dann der Gipfel." Sie nahm einen Stock und kratzte ein Bild in den Boden.

„Und was bedeutet es, ein mutiger Tiger zu sein?", fragte die Eule den Tiger. „Das sind verschiedene Sachen", überlegte Til. „Also, ich möchte gerne laut sprechen lernen und mich trauen, mit den anderen zu spielen. Und die anderen zu uns einzuladen. Alleine im Wald Holz zu sammeln. Und laut zu brüllen."
„Das ist ja eine ganze Menge", sagte die Eule. „Das schreibe ich auf, und du malst immer ein Bild nebendran. Was ist denn am allerschwersten? Das kommt ganz unten auf die Liste." Sie berieten und schrieben und malten, und schließlich kam diese Liste mit Etappenzielen heraus:

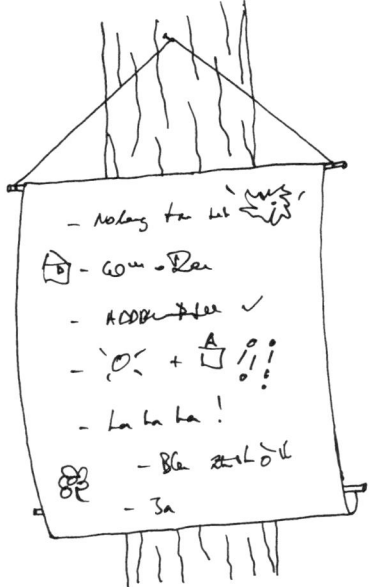

„Gut", sagte die Eule, „diese Dinge kannst du lernen! Ich

helfe dir dabei. Wir üben Schritt für Schritt. Mit der leichtesten Sache fangen wir an." „Oh", sagte der Tiger, „du meinst, ich kann wirklich ein mutiger Tiger werden?" „Oh ja, das kannst du", sagte die Eule. „Nicht auf einmal, aber Schritt für Schritt." Sie malte auf den Berg lauter kleine Fähnchen. „Immer wenn du etwas Neues gelernt hast, hast du ein Ziel erreicht", erklärte sie. „Das ist toll! Beim Bergsteigen machen wir an jedem Ziel ein kleines Päuschen und freuen uns. Du kannst dann das Bild neben das Fähnchen kleben.

So, nächste Woche treffen wir uns wieder und fangen an, den ersten Punkt auf der Liste zu üben. Bis dahin bekommst du deine erste Wanderkarte. Hier, sieh mal. Morgen fängt unsere Wanderung schon an. Die erste Aufgabe ist es, jeden Tag zu überlegen, ob du dich heute etwas getraut hast. Wenn ja, kannst du den Tiger neben dem Tag anmalen. Wenn du möchtest, kannst du nebendran malen oder schreiben, was du dich getraut hast."

„Toll!", rief Til Tiger. „Das mach ich! Ich freue mich schon auf nächste Woche."

Til Tiger macht den ersten Schritt

In der Woche bis zum nächsten Treffen mit der Eule dachte Til Tiger oft an seine Ziele. Er hatte sie auf dem Poster aufgemalt. Manchmal machte er sich Sorgen: „Ob ich das wirklich alles lernen kann?", fragte er sich leise. Doch dann dachte er an das, was die Eule gesagt hatte: „Du kannst lernen, mutig zu werden. Nicht auf einmal, aber Schritt für Schritt."

Jeden Abend überlegte er, ob er sich etwas getraut hatte. Einmal hatte er sich getraut, in der Tigerschule etwas zu sagen! Er freute sich sehr und malte den Tiger an.

Am nächsten Tag fiel ihm nichts ein, was er sich getraut hatte. „Na, macht nichts!", sagte er zu sich selbst. „Aber morgen!" Am nächsten Tag traute er sich, mit Mama Tiger einkaufen zu gehen und den Verkäufer anzusehen und „Guten Tag" zu sagen. „Toll!", sagte Mama Tiger. Da freute sich Til Tiger. Er malte den nächsten Tiger an.

Das habe ich mir vorgenommen:

Am nächsten Tag traute er sich, mit Mia auf den Spielplatz zu gehen. Er freute sich und malte einen Tiger an.

Am nächsten Tag fiel ihm nichts ein, was er sich getraut hatte. „Na, macht nichts!", sagte er zu sich selbst. „Aber morgen!" Und am nächsten Tag traute er sich, beim Hausmeistertiger in der Schule eine Limo zu kaufen! Er freute sich und malte einen Tiger an.

Am nächsten Tag war die Woche um und er traf sich wieder mit der Eule. „Na", sagte die Eule, „wie hat es geklappt mit der Wanderkarte?" „Oh", rief Til Tiger, „ich habe mich oft etwas getraut! Eine Limo habe ich gekauft und in der Schule was gesagt und zum Verkäufer ‚Guten Tag' gesagt."

„Toll!", sagte die Eule. „Aber manchmal habe ich auch nichts gefunden", sagte Til Tiger leise und blickte verschämt zu Boden. „Das macht nichts!", rief die Eule. „Du musst immer daran denken, was du geschafft hast."
Das nahm sich Til Tiger ganz fest vor.

Die Eule sagte: „Das ist einer von den Tricks zum mutig werden, die ich dir zeige. Damit du ihn nicht vergisst, malen wir ein Erinnerungszeichen auf ein Kärtchen. Die Trickkärtchen kannst du in diesem Kästchen sammeln."

Til Tiger malte ein Bild auf das Kärtchen als Erinnerungszeichen. Das steckte er in das Trickkästchen.

Immer wenn er darauf sah, dachte er an etwas, was er schon geschafft hatte.

„Was machen wir denn heute?", fragte er gespannt und hüpfte von einem Fuß auf den anderen.

„Heute wollen wir herausfinden, was man beim Sprechen beachten muss und das auch gleich ausprobieren. Dann untersuchen wir, was Anspannung ist und was Entspannung ist. Das probieren wir auch aus", erklärte die Eule.

„Aber zuerst zum Sprechen. Ich mache dir etwas vor. Wenn du eine Idee hast, was man besser machen könnte, sag es mir! Ich probiere es gleich aus." Die Eule steckte ihren Schnabel unter den Flügel und murmelte etwas in ihr Gefieder. „So verstehe ich gar nichts!", sagte Til Tiger. „Du musst mich ankucken."

„Stimmt genau!", sagte die Eule. Sie hob den Kopf, schaute Til Tiger an und murmelte ganz leise „Mumpfeldimumpfeldimumpfel." „Lauter!", rief Til Tiger. „Du musst lauter sprechen! Ich versteh gar nichts." „Ganz genau!", rief die Eule. „Und jetzt der letzte Hinweis." Sie blickte den Tiger an und sagte laut: „Mumpfeldimumpfeldimumpfel." „Du nuschelst!", rief der Tiger aufgeregt.

„Jetzt habe ich's! Du musst deutlich sprechen!"

„Ganz genau!", rief die Eule. „Jetzt kommt die Lösung."

Sie schaute dem Tiger in die Augen und sagte laut und deutlich: „Til Tiger ist ein schlauer Tiger." „Jetzt hab ich's verstanden!", rief Til Tiger, „Du hast gesagt, dass ich ein superschlauer Tiger bin." „Stimmt genau!", sagte die Eule. „Und wie heißen jetzt die drei Regeln?" Der Tiger überlegte und sagte: „Anschauen, laut sprechen und deutlich sprechen." „Stimmt genau!", sagte die Eule begeistert. „Dazu malen wir jetzt Erinnerungskarten."

Der Tiger malte auf eine Karte zwei Augen für anschauen.

Auf die zweite Karte malte er einen Lautsprecher für laut sprechen.

 Auf die dritte Karte malte er einen offenen Mund für deutlich sprechen.

„So", sagte Til Tiger, „die hebe ich mir jetzt auf. Ich stecke sie zu den anderen Erinnerungskarten in mein Kästchen. Machen wir jetzt die Entspannung?" „Ja", sagte die Eule, „weißt du denn, was das ist, Entspannung?"

Til Tiger überlegte. „Nicht so genau", sagte er. „Ich gebe dir einen Tipp. Wann bist du denn entspannt?" „Wenn ich in meiner Hängematte liege", sagte Til. „Und wenn ich mit Papa Tiger angeln gehe. Und wenn Mama Tiger mir eine Geschichte vorliest." „Prima!", sagte die Eule. „Und wann bist du angespannt?"

„Wenn ich in der Schule einen Test schreiben soll", sagte Til, „oder wenn ich mich etwas nicht traue." Die Eule nickte.

„Anspannung kann man an verschiedenen Sachen an sich selbst bemerken", sagte sie. „Hast du eine Idee?" „Ja", sagte Til Tiger, „dann ist mein Hals ganz trocken." Die Eule nickte. „Stimmt genau. Was bemerkst du an deinem Körper noch, wenn er angespannt ist?" Der Tiger überlegte. Ihm fiel nichts mehr ein. „Ich gebe dir einen Tipp: Wie fühlt sich dein Bauch an, wenn du angespannt bist?"

„Jetzt weiß ich es!", rief Til Tiger. „Mir ist dann ganz schlecht." Die Eule nickte. „Wenn man angespannt ist, passieren im Körper verschiedene Sachen. Hier auf dem Plakat stehen Beispiele." Sie rollte ein Plakat auseinander und hängte es an den Baum. Auf dem Plakat stand:

Körper
- Bauchweh
- Kopfweh
- Kalte Pfoten
- Weiche Knie
- Schwitzen
- Zittrige Pfoten

Die Eule erklärte weiter: „Man merkt auch an dem was man fühlt und denkt, ob man angespannt ist. Was könnte man denken, wenn man angespannt ist?"

Der schüchterne Tiger antwortete leise: „Ich schaff das nie." Die Eule nickte und holte ein zweites Plakat hervor. Darauf stand: **Gedanken:** „Ich schaff das nie", „Ich bin so dumm", „Ich bin ganz allein".

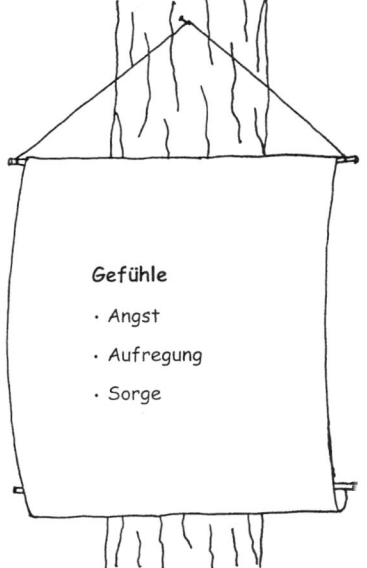

„Und wie fühlt man sich, wenn man angespannt ist?", fragte sie den Tiger. „Vielleicht ängstlich?", vermutete Til Tiger. „Stimmt genau", sagte die Eule. „Und manchmal ist man auch aufgeregt." Während sie das sagte, rollte sie ein drittes Plakat auseinander, auf dem stand: **Gefühle:** Angst, Aufregung, Sorge.

Til Tiger betrachtete die Plakate genau. „Und was kann ich jetzt machen, wenn ich angespannt bin?", fragte er. „Wenn ich zittrige Pfoten habe und Bauchweh und ängstlich bin und denke, dass ich es eh nicht schaffe?"

„Es gibt da einen tollen Trick", sagte die Eule. „Ich zeige dir, wie du lernen kannst, dich ganz schnell zu entspannen, eine Blitzentspannung sozusagen. Ich zeige es dir. Setz dich bequem hin und mach mir alles nach." Die Eule und der Tiger setzten sich auf zwei Baumstümpfe. Die Eule begann:

„Als Erstes muss ich wissen, mit welcher Pfote du schreibst." „Mit der hier!", rief der Tiger. „Ah, ja", sagte die Eule. „Auf die Hand und das Knie auf der Seite kleben wir einen bunten Punkt." Sie klebte bei sich selbst und bei Til Tiger einen Punkt auf eine Hand und einen Punkt auf ein Knie. „So das hätten wir! Jetzt versuchen wir, mit der Hand mit dem Punkt eine feste Faust zu machen. Jetzt anspannen." Die Eule und der Tiger ballten ihre Pfoten bzw. Flügelspitzen fest.

„Genau so!", rief die Eule „und jetzt ganz entspannt." Sie ließen alle Muskeln schlapp werden und die Finger herunterhängen. „Ja! Prima!", rief die Eule. „Spürst du den Unterschied zwischen der Anspannung und der Entspannung?"

„Als nächstes versuchen wir, den Arm mit dem Punkt fest anzuspannen, wie ein Bodybuilder. Jetzt anspannen." Die Eule und der Tiger spannten den Oberarm fest an. „Genau so!", rief die Eule. „Und jetzt ganz entspannt." Sie ließen alle Muskeln schlapp werden und den Arm herunterhängen. „Ja! Prima!", rief die Eule. „Spürst du den Unterschied zwischen der Anspannung und der Entspannung?" „Als nächstes versuchen wir, mit der Hand ohne Punkt eine  feste Faust zu machen. Jetzt anspannen." Die Eule und der Tiger ballten ihre Pfoten bzw. Flügelspitzen fest. „Genau so!", rief die Eule „und jetzt ganz entspannt." Sie ließen alle Muskeln schlapp werden und die Finger herunterhängen. „Ja! Prima!", rief die Eule. „Spürst du den Unterschied zwischen der Anspannung und der Entspannung?"

„Als nächstes versuchen wir, den Arm ohne Punkt fest anzuspannen, wie ein Bodybuilder. Jetzt anspannen." Die Eule und der Tiger spannten den Oberarm fest an. „Genau so!", rief die Eule. „Und jetzt mal ganz entspannt." Sie ließen alle Muskeln schlapp werden und den Arm herunterhängen. „Ja! Prima!", rief die Eule. „Spürst du den Unterschied zwischen der Anspannung und der Entspannung?"

„Als nächstes versuchen wir, den Oberschenkel ohne Punkt fest anzuspannen, ich mache es dir vor." Die Eule machte es vor.

„Jetzt anspannen." Die Eule und der Tiger spannten den Oberschenkel fest an. „Genau so!", rief die Eule. „Und jetzt mal ganz entspannt." Sie ließen alle Muskeln schlapp werden und das Bein herunterhängen. „Ja! Prima!", rief die Eule. „Spürst du den Unterschied zwischen der Anspannung und der Entspannung?"

„Als nächstes versuchen wir, den anderen Oberschenkel fest anzuspannen, ich mache es dir vor." Die Eule machte es vor. „Jetzt anspannen." Die Eule und der Tiger spannten den Oberschenkel fest an. „Genau so!", rief die Eule. „Und jetzt mal ganz entspannt." Sie ließen alle Muskeln schlapp werden und das Bein herunterhängen. „Ja! Prima!", rief die Eule. „Spürst du den Unterschied zwischen der Anspannung und der Entspannung?"

„Als nächstes versuchen wir, die Schultern fest hochzuziehen, ich mache es dir vor." Die Eule machte es vor. „Jetzt anspannen." Die Eule und der Tiger zogen die Schultern fest hoch. „Genau so!", rief die Eule. „Und jetzt mal ganz entspannt." Sie ließen alle Muskeln schlapp werden und die Schultern herunterhängen. „Ja! Prima!", rief die Eule. „Spürst du den Unterschied zwischen der Anspannung und der Entspannung?"

„Als nächstes versuchen wir, eine ganz runzelige Nase zu machen." Die Eule machte es vor. „Jetzt anspannen." Die Eule und der Tiger legten ihre Nasen bzw. den Schnabel in ganz viele Falten. „Genau so!", rief die Eule. „Und jetzt mal ganz entspannt." Sie ließen alle Muskeln schlapp werden und das Kinn herunterhängen. „Ja! Prima!", rief die Eule. „Spürst du den Unterschied zwischen der Anspannung und der Entspannung?"

„Als nächstes versuchen wir, ein ganz angespanntes Gesicht zu machen. Ich mache es dir vor." Die Eule machte es vor. „Jetzt anspannen." Die Eule und der Tiger legten ihre Gesichter in ganz viele Falten und bissen die Zähne bzw. den Schnabel aufeinander. „Genau so!", rief die Eule. „Und jetzt mal ganz entspannt." Sie ließen alle Muskeln schlapp werden und das Kinn herunterhängen. „Ja! Prima!", rief die Eule. „Spürst du den Unterschied zwischen der Anspannung und der Entspannung?"

„Als nächstes versuchen wir, die Hände, die Arme und die Oberschenkel fest anzuspannen, ich mache es dir vor." Die Eule machte es vor. „Jetzt anspannen." Die Eule und der Tiger spannten die Hände, die Arme und die Oberschenkel fest an. „Genau so!", rief die Eule. „Und jetzt mal ganz entspannt." Sie ließen alle Muskeln schlapp werden. „Ja! Prima!", rief die Eule. „Das machst du ganz toll!" Til Tiger freute sich. „Spürst du den Unterschied zwischen der Anspannung und der Entspannung? Wenn du willst, kannst du dich jetzt recken und strecken."

„So", sagte die Eule, „das war die Entspannung. Wie hat sie dir gefallen?" „Toll!", rief der kleine Tiger, „Meine Hände sind jetzt ganz warm! Machen wir das öfter?"

„Ja", sagte die Eule. „Wenn wir es oft genug geübt haben, kannst du dich überall und jederzeit entspannen. Dafür gibt es noch ein Zauberwort, das verrate ich dir das nächste Mal. Wir üben die Entspannung immer, wenn wir uns treffen. Aber das reicht nicht. Damit es richtig klappt, ist es wichtig, dass du Zuhause übst, jeden Tag. Dafür gebe ich dir eine Kassette, mit der du üben kannst." „Danke!", rief der Tiger. „Das mache ich." Er gähnte leise. „Ich bin ganz schön geschafft von dem vielen Nachdenken und Üben", sagte er. „Das verstehe ich", sagte die Eule und lächelte. „Wir haben heute

auch ganz schön viel gearbeitet. Du hast prima mitgemacht und viele tolle Ideen gehabt. Wir sind schon auf dem Weg zum mutig werden!"

„Was ist denn die Wanderkarte für die nächste Woche?", fragte Til. „Hier", sagte die Eule. „Du kannst dir aussuchen, welche der drei Trickkarten zum Sprechen du dir vornimmst." Der Tiger überlegte. „Hm, ich glaube, diese hier: den anderen anschauen", sagte er. „Gut", sagte die Eule, „also überlegst du jeden Abend, ob du an diesem Tag jemanden beim Sprechen angeschaut hast." „O. K.", sagte der Tiger. „Und was machen wir nächste Woche?" „In der nächsten Woche treffen wir uns mit anderen schüchternen Tierkindern." „Prima! Da freue ich mich! Dann bis nächste Woche!", sagte der schüchterne Tiger. „Tschüss!", rief die Eule und winkte. Til Tiger machte sich auf den Nachhauseweg.

Til Tiger trifft andere Tierkinder

In der Woche bis zum nächsten Treffen mit der Eule dachte der Tiger oft an seine Wanderkarte. Er hatte sie über sein Bett gehängt. Jeden Abend überlegte er, ob er an diesem Tag jemanden beim Sprechen angeschaut hatte.

Einmal hatte er sich getraut, in der Tigerschule seine Lehrerin beim Sprechen direkt anzuschauen! Er freute sich sehr und malte den Tiger an.

Am nächsten Tag fiel ihm keine Gelegenheit ein, bei der er sich getraut hatte, jemanden beim Sprechen direkt anzuschauen. „Na, macht nichts!", sagte er zu sich selbst. „Aber morgen."

Am nächsten Tag traute er sich, den Nachbartiger zu grüßen und direkt anzuschauen. „Toll!", sagte Mama Tiger. Da freute sich Til Tiger. Er malt den nächsten Tiger an.

Am nächsten Tag traute er sich, Mark aus seiner Klasse beim Sprechen anzuschauen. Er freute sich und malte einen Tiger an.

Am nächsten Tag fiel ihm keine Gelegenheit ein, bei der er sich getraut hatte, jemanden beim Sprechen direkt anzuschauen. „Na, macht nichts!", sagte er zu sich selbst. „Aber morgen!", und am nächsten Tag traute er sich, den brummigen Eisverkäufer direkt anzuschauen, als er ein Tigereis kaufte! Er freute sich und malte einen Tiger an.

Am nächsten Tag war die Woche schon vorbei und Til machte sich auf den Weg zur Eule. Er kam an einer Kuhle vorbei. Da hörte er ein leises Schluchzen. „Was ist das?", fragte sich Til Tiger. Er fürchtete sich ein bisschen. Schließlich nahm er seinen ganzen Mut zusammen und blickte vorsichtig in die Kuhle. Und was hat er da gesehen? Da saß ein kleines Nilpferd und weinte.

„Oje, oje, oje", schluchzte das kleine Nilpferd. „Was hast du denn?", fragte Til Tiger. Das Nilpferd blickte erschrocken auf. „Wer bist du denn?", quietschte es. „Ich bin Til Tiger", sagte Til Tiger. „Und du?" „Ich bin Tom Nilpferd", flüsterte das Nilpferd. „Und warum weinst du?", fragte Til.

„Ach", seufzte das Nilpferd, „Ich soll zu der Eule, zum mutig werden, aber ich trau mich nicht hin." „Aber da gehe ich doch auch hin!", rief Til Tiger. „Ich will auch mutig werden! Wie wäre es, wenn wir zusammen hingehen würden?" „Oh ja", sagte das Nilpferd, „dann wäre ich nicht so alleine!" Es krabbelte aus der Kuhle heraus. Zusammen machten sie sich auf den Weg zur Eule. Als sie bei dem Baum der Eule ankamen, sahen sie etwas Erstaunliches: Aus einem Baumloch hing ein Schweif, der aussah, als würde er zu einem Stinktier gehören. Aus einem Erdhügel schaute eine schwarze runde Nase heraus. Eine stachelige Kugel lag unter dem Baum. Hinter dem Baumstamm lugte ein Schnabel hervor.

Die Eule kam aus ihrem Baumloch gehüpft. „Na, da seid ihr ja alle!", rief sie erfreut. „Wie wäre es, wenn ihr zu mir kommen würdet, damit wir uns unterhalten können?"

Erst passierte eine Zeitlang nichts. Dann bewegte sich der Schweif etwas, der aus dem Baumloch heraus lugte. Ein Stinktier kam vorsichtig herausgekrochen.

Die schwarze runde Nase schnaubte leise und ein Maulwurf krabbelte aus dem Hügel heraus. Die stachelige Kugel unter dem Baum bekam erst einen Fuß, dann noch einen und noch einen und noch einen. Nach den vier Füßen zeigte sich eine Nase, zwei Augen und zwei Öhrchen, und der ganze Igel war zu sehen.

Hinter dem Baumstamm lugte ein Pelikan vorsichtig hervor.

Alle setzten sich in einen Kreis. „Schön, dass ihr alle da seid!", sagte die Eule. „Als Erstes machen wir eine Begrüßungsrunde. Bitte sagt euren Namen und was ihr am liebsten macht. Mein rechter Nachbar fängt an." Das war Til.

„Ich bin Til Tiger, und ich spiele am liebsten mit meiner Freundin Mia", sagte Til.

„Ich bin Tom Nilpferd, und ich bade am liebsten im Fluss", sagte Tom.

„Ich bin Thea Stinktier und spiele am liebsten Verstecken", sagte Thea.

„Ich bin Clarissa Igel und kullere am liebsten Hügel herunter", sagte Clarissa.

„Ich bin Doris Pelikan und schwimme am liebsten im Meer", sagte Doris.

„Ich bin Pit Maulwurf und puzzle am liebsten", sagte Pit.

„Prima", sagte die Eule. „Und jetzt spielen wir etwas: stellt euch vor, ihr seid ein Reporter, und sollt möglichst viel über jemanden herausbekommen. Sucht euch bitte einen Partner und findet heraus, was er oder sie am liebsten isst, was er später einmal werden möchte, und was er oder sie sich wünschen würde, wenn er oder sie drei Wünsche frei hätte."

Die Tierkinder suchten sich einen Partner. Til Tiger befragte Tom Nilpferd. Dann befragte Tom Nilpferd Til Tiger. Anschließend erzählte jeder den anderen, was er über seinen Partner herausgefunden hatte. „So, und nun möchte ich wissen, wie es mit der Wanderkarte geklappt hat. Bitte erzählt uns, was ihr euch vorgenommen hattet und was ihr geschafft habt." Alle Tierkinder holten ihre Wanderkarten hervor. Eines nach dem anderen berichtete, was es sich in der letzten Woche vorgenommen hatte und wie es geklappt hatte. Die Eule lobte die Tierkinder sehr.

Dann holte sie ein wichtig aussehendes Papier. „Was ist das?", fragte Thea. „Das ist ein Vertrag", sagte die Eule. „Er enthält drei Regeln, an die wir uns während der Stunden halten wollen."
1) Wenn ich etwas sagen möchte, melde ich mich und sage es.
2) Ich probiere auch mal was Neues aus.
3) Ich mache mich nicht über die anderen Kinder lustig.

Jeder bekam einen Vertrag und unterschrieb ihn.

Dann machten sie ein Spiel: Jeweils zwei Tierkinder erzählten sich gegenseitig, was sie gestern gemacht hatten. Vorher wiederholten sie noch einmal, was man beim Sprechen beachten sollte: Laut sprechen, deutlich sprechen, den anderen anschauen. Die Tierkinder schafften es, die Regeln einzuhalten!

Da freute sich die Eule sehr. Sie rief: „Super! Jetzt kommt das nächste Spiel: Ihr sollt jemanden fragen, wo sich etwas befindet. Zieht hier einen Zettel, damit ihr wisst, wonach ihr fragen sollt."

Die Kinder zogen die Zettel, und es ging los:
Thea fragte Tom, wie viel Uhr es ist.
Til fragte Clarissa, wo die nächste Telefonzelle ist.
Doris fragte Pit, wo der nächste Bäcker ist.

Die Eule klatschte begeistert: „Das habt ihr ganz toll gemacht! Bravo! Jetzt kommen wir zur Entspannung." Dann machten sie alle zusammen eine Muskelentspannung. Dabei zeigte die Eule ihnen ein Zauberwort. Erst sollten sich die Tierkinder vorstellen, dass sie ganz furchtbar gestresst seien und möglichst viele Muskeln anspannen. Dann kam das Zauberwort: „Stopp! Entspannen." Sofort ließen die Tierkinder alle Muskeln ganz schlapp werden. Das probierten sie ein paar Mal aus.

Zum Schluss bekam jeder eine neue Wanderkarte und ein Blatt mit Fragen. Für die nächste Woche nahm sich jedes Tierkind vor, anderen Leuten eine der Fragen zu stellen und dabei die Gesprächsregeln zu beachten.

Til Tiger lernt, wie man neue Freunde findet

In der Woche bis zum nächsten Treffen übte Til Tiger eifrig. Ihm gefiel die Übung am besten, jemanden, den er nicht kannte, nach der Uhrzeit zu fragen. Er ging mit Papa Tiger in die Fußgängerzone. Papa blieb bei einem Kiosk stehen und Til Tiger traute sich, eine ältere Kaninchendame nach der Uhrzeit zu fragen. Sie war sehr nett. Er freute sich sehr! Als er Zuhause war, malte er den ersten Tiger an.

Am nächsten Tag fand er keine Gelegenheit, jemanden Fremden nach der Uhrzeit zu fragen. „Na, macht nichts!", sagte er zu sich selbst. „Aber morgen!" Am nächsten Tag traute er sich, im Tigerschwimmbad ein jugendliches Krokodil nach der Uhrzeit zu fragen. „Toll!", sagte Mama. Da freute sich Til Tiger. Zuhause angekommen, malte er den nächsten Tiger an.

Am nächsten Tag traute er sich, ein Huhn mit zwei Küken im Kinderwagen nach der Uhrzeit zu fragen. Er freute sich und malte einen Tiger an.

Am nächsten Tag fand er keine Gelegenheit, jemanden Fremden nach der Uhrzeit zu fragen. „Na, macht nichts!", sagt er zu sich selbst. „Aber morgen!" Am nächsten Tag traute er sich, ein Walross zu fragen, wo der nächste Bäcker ist. Das Walross war sehr freundlich und erklärte ihm den Weg. Til Tiger freute sich und malte einen Tiger an, als er Zuhause war.

Am nächsten Tag trafen sich die Tierkinder wieder bei der Eule. Er freute sich, die anderen wiederzusehen und war gespannt, wie sie ihre letzte Woche verbracht hatten. Die Eule war bester Laune: Die Eule kam aus ihrem Baumloch gehüpft. „Hallo!", rief sie fröhlich. „Kommt und setzt euch zu mir." Til

Tiger, Thea Stinktier, Pit Maulwurf, Doris Pelikan, Tom Nilpferd und Clarissa Igel setzten sich in einen Kreis. „Ich freue mich, dass ihr alle da seid", sagte die Eule. „Als erstes machen wir eine kleine Erzählrunde. Was habt ihr in der letzten Woche erlebt? Etwas Schönes? Etwas Trauriges oder etwas Ärgerliches? Es kann etwas Kleines oder Großes sein."

Til Tiger sagte: „Ich habe etwas Schönes erlebt: Ich habe mit meiner Freundin Mia ein Baumhaus gebaut!" Die Eule nickte freundlich. Tom Nilpferd sagte: „Mein Bruder Martin ist weggefahren, auf Klassenfahrt, das fand ich traurig." Thea Stinktier sagte: „Ich habe einen schönen Stein gefunden. Da habe ich mich gefreut." Die Eule nickte freundlich. Clarissa Igel sagte: „Ich hatte Grippe. Das war nicht schön." Die Eule nickte freundlich. Doris Pelikan sagte: „Ich war mit Tante Pia im Kino. Das war schön." Die Eule nickte freundlich. Pit Maulwurf sagte: „Ich habe einen schönen neuen Gang gebuddelt und  er ist am nächsten Tag zusammengefallen. Da habe ich mich sehr geärgert." Die Eule nickte freundlich und sagte: „Vielen Dank! Und wie hat es mit euren Wanderkarten geklappt?" Nun erzählten die Tierkinder,  was sie sich getraut hatten und wann sie sich gefürchtet hatten. Die Eule war sehr zu-frieden und lobte die Tierkinder: „Ihr habt schon tolle Fortschritte gemacht! Heute wollen wir herausfinden, wie man jemanden einlädt und wie man neue Freunde gewinnt. Also, stellt euch vor, in eurer Klasse ist ein neues Kind und  ihr wollt es gern kennen lernen. Wie würdet ihr das anstellen?" Die Tierkinder überlegten angestrengt. Pit schlug vor: „Mit ihm unterhalten!"

„Ja!", sagte die Eule. „Gute Idee! Und worüber?" Die Tierkinder grübelten und grübelten. „Über etwas, was euch selbst interessiert! Was könnte das sein?" Til schlug vor: „Über Hobbys!" Thea meinte: „Wo er vorher gewohnt hat!" Doris sagte: „Was er heute Nachmittag macht!" Die Tierkinder hatten viele Ideen: Wo er wohnt! Ob er Geschwister hat! Ob er Aufkleber sammelt! Welche Musik er gerne mag! Welche Spielsachen er hat!

„Genau!", rief die Eule. „Das probieren wir jetzt. Einer ist der Neue und der andere fängt ein Gespräch an. Achtet darauf, offene Fragen zu stellen. Offene Fragen sind Fragen, die nicht mit ja oder nein beantwortet werden." Thea und Tom fingen an. Thea stellte viele Fragen und Tom erzählte von sich und seinen Hobbys. Dann befragte Tom Thea. Nach und nach fanden sie heraus, wie man fragen muss, damit der andere möglichst viel erzählt. Auch die anderen Tierkinder übten eifrig. „Das ist ja gar nicht so schwer!", rief Pit. „Nein", sagte die Eule, „man kann alles lernen. Schritt für Schritt. Wie ist es mit eurem Poster Zuhause, konntet ihr schon einen Aufkleber anbringen?" Die Kinder nickten. „Seht ihr", sagte die Eule und lächelte, „ihr seid schon dabei, den Berg zu erklimmen. Schritt für Schritt. Und der nächste Schritt ist die neue Wanderkarte: Ihr sollt so oft wie möglich ein anderes Tier einladen oder ein Gespräch mit ihm anfangen. Am Anfang der Woche darf es jemand sein, den ihr gut kennt. Hier sind die Wanderkarten. So, zum Abschluss machen wir unsere Entspannung. Heute machen wir erst die lange Übung und dann entspannen wir mit dem Zauberwort." Und so machten sie es auch. Die Eule lobte die Tierkinder: „Das macht ihr ganz wunderbar! Und jetzt ist es Zeit, nach Hause zu gehen." Die Kinder trollten sich.

Vor der Gruppe etwas erzählen

Die nächste Woche war für Til Tiger sehr aufregend. Auf seiner Wanderkarte, die er über sein Bett gehängt hatte, stand: „Ich lade jemanden ein!" Auf dem Trickkärtchen, das er in der Hosentasche hatte, stand: „Ich lasse mich nicht entmutigen!!!" Am ersten Tag nach dem Treffen mit der

Eule überlegte er und überlegte er, wen er einladen könnte. „Am Anfang der Woche darf es jemand sein, den ihr gut kennt", hatte die Eule gesagt. Das war ja nicht so schwer. Er machte sich auf den Weg zu Mia, seiner besten Freundin. Er klopfte an die Tür der Tigerhöhle. Mia öffnete. Til schaute sie direkt an und fragte laut und deutlich:

„Mia, möchtest du heute zu mir zum Spielen kommen?" Mia freute sich und rief: „Oh, ja!" Til freute sich auch. „Wann denn?", fragte Mia. „Nach dem Mittagessen", schlug Til Tiger vor.

„O. K.", sagte Mia, „ich komme zu eurer Höhle." Fröhlich pfeifend machte sich Til auf den Heimweg. Super! Er hatte es geschafft. Als er Zuhause ankam, malte er den ersten Tiger an. Nachmittags kam Mia tatsächlich und sie spielten zusammen Verstecken. Das war schön.

Am nächsten Tag überlegte Til Tiger, wen er heute einladen könnte, den er nicht so gut kannte! „Ganz schön schwierig", dachte Til, „vielleicht den kleinen Nachbarsbären." Er hatte ein bisschen Angst. Aber er sagte sich: „Ich schaff' das schon!" Und machte sich auf den Weg. Vor der Tür der Bärenfamilie verließ ihn plötzlich der Mut. Er bekam einen ganz trockenen Hals, seine Pfoten wurden ganz zittrig, und er dachte immer nur: „Das klappt nie! Das kann gar nicht klappen!" Doch da fiel ihm das Zauberwort ein: „Stopp!", sagte er laut zu sich selbst und „entspannen!"

Er versuchte, alle Muskeln ganz locker zu lassen, wie er es bei der Eule gelernt hatte. Es klappte! Der Hals war nicht mehr trocken, die Pfoten hörten auf zu zittern und Til dachte froh: „Ich schaff' das!" Er klopfte an die Tür der Bärenhöhle. Der kleine Bär öffnete. „Oh, hallo Til!", sagte er, „Was möchtest du denn?" Til sagte laut und deutlich: „Hast du Lust, heute mit mir Eisenbahn zu spielen? Ich würde mich freuen!" „Na klar!", sagte der kleine Nachbarsbär. Er freute sich. „Hast du nach dem Hausaufgaben machen Zeit?" „Ja", sagte der kleine Nachbarsbär. „Ich komme bei dir vorbei." Fröhlich pfeifend machte sich Til auf den Heimweg. Super! Er hatte es geschafft. Als er Zuhause ankam, malte er den zweiten Tiger an. Nachmittags kam der kleine Nachbarsbär tatsächlich und sie spielten zusammen Eisenbahn. Das machte Spaß.

Am nächsten Tag traute sich Til Tiger, das Krokodil von nebenan zu fragen, ob es mit ihm angeln gehen möchte. „Nein, tut mir leid", sagte das Krokodil. „Ich bin schon mit dem Pelikan zum Kegeln verabredet." „Ach so", sagte der kleine Tiger etwas enttäuscht. „Na, macht nichts", sagte sich der kleine Tiger. „Ich habe mich getraut zu fragen!" Freundlich verabschiedete er sich von dem Krokodil. Am nächsten Tag hatte er keine Zeit, jemanden einzuladen, weil er für die Schule einen Vulkan aus Pappmachée basteln sollte. Das dauerte den ganzen

Nachmittag. "Na macht nichts", sagte sich der kleine Tiger, "aber morgen!"

Am nächsten Tag fragte er das Rhinozeros, ob es mit ihm Murmeln spielen will. "Och nö", sagte das Rhinozeros. "Du bist viel zu klein zum Murmeln spielen." Til war empört. Von wegen zu klein! Also sagte er zu dem Rhinozeros: „Ich bin nicht zu klein!", und machte sich enttäuscht auf den Heimweg. Er erzählte Papa Tiger, was passiert war. Dabei kam ihm eine klitzekleine Träne ins Auge, er wusste auch nicht, woher. „Aber Til", sagte Papa Tiger, „das ist ganz normal, manchmal sagt jemand nein, das musst du dann akzeptieren! Du hast dich getraut zu fragen, das ist ganz toll, und jetzt musst du noch lernen, mit einem Nein zurecht zu kommen." Til Tiger schniefte ein bisschen. „Bist du nicht traurig, wenn jemand nein sagt?", fragte er. „Doch", antwortete Papa Tiger, „manchmal schon. Das gehört dazu." Er kraulte Til zwischen den Ohren und sagte: „Du darfst nie vergessen, dass du auf dem Weg bist, ein mutiger kleiner Tiger zu werden. Du machst tolle Fortschritte. Du traust dich jetzt schon viel mehr. Und zum mutig sein gehört auch, dass man über ein Nein hinweg kommt. Das nächste Mal klappt es wieder." Til Tiger kuschelte sich an Papa Tiger und lächelte. „Na gut", sagt er, „ich versuche es."

Am nächsten Tag traute er sich, Nelly Nashorn aus seiner Klasse zu fragen, ob sie zu ihm zum Spielen käme. Nelly freute sich und kam am Nachmittag vorbei. Als Papa Tiger das sah, freute er sich auch und zwinkerte Til Tiger zu. Das bedeutete: „Siehst du? Es klappt." Til Tiger freute sich.

Am nächsten Tag machte er sich gemeinsam mit Tom Nilpferd auf den Weg zu der Eule. Die Eule freute sich sehr, die Tierkinder zu sehen. „Na, was habt ihr in der letzten Woche erlebt?", fragte sie gespannt. „Ich habe mich getraut, die Giraffe zum Spielen einzuladen!", rief Clarissa. „Toll!", sagte die Eule, „das hast du gut gemacht!" „Und ich habe mich getraut, das Zebra zum Schlittschuhlaufen einzuladen!", rief Tom. „Toll!", sagte die Eule, „das hast du gut gemacht!" „Ich habe mich getraut, den Nachbarsbären zum Spielen einzuladen!", berichtete Til Tiger. „Toll!", sagte die Eule, „das hast du gut gemacht!" „Ich habe mich gar nichts getraut", sagte das Igelkind sehr leise. „Das macht nichts,", sagte die Eule, „dann bekommst du diese Woche eine leichtere Aufgabe! Sei nicht traurig." Das Igelkind sah schon nicht mehr ganz so zerknittert aus. Nun erzählten sich die Tierkinder, was geklappt hatte und wer die Einladung abgelehnt hatte. Es ging dabei ziemlich durcheinander, und die Eule lächelte erfreut, da die Tierkinder schon viel lebhafter geworden waren.

Schließlich hob sie gebieterisch den Flügel. „So, jetzt kommen wir zu unserem Hauptthema", sagte sie. „Heute wollen wir lernen, etwas vor der Gruppe zu machen!" „Oh", sagte Pit, „das ist aber schwer!" „Nur keine Angst", sagte die Eule, „wir lernen Schritt für Schritt. Als erstes machen wir ein kleines Spiel." Sie holte einen Kärtchenstapel heraus. „Wer möchte anfangen?" Niemand meldete sich.

„Nur Mut!", sagte die Eule. Schließlich meldete sich Tom. „Toll!", sagte die Eule. „Was bist du doch für ein mutiges Nilpferd! Hier auf der Karte ist ein Tier abgebildet. Nun ist es deine Aufgabe, das Tier nachzumachen, so dass die anderen Kinder erraten, was es ist! Du darfst Geräusche machen, aber nichts sagen!" Das Spiel begann. Tom erhob sich auf seine Hinterbeine, kratzte sich am Kopf, hüpfte umher und trommelte sich auf die Brust. „Ich weiß es, ein Affe!", rief Pit. „Stimmt genau", sagte die Eule.  „Nun bist du an der Reihe." Pit überlegte kurz und fing dann an, auf allen Vieren umherzulaufen und zu trompeten, denn auf seinem Bild war ein Elefant zu sehen. So spielten sie eine ganze Weile, bis jedes Tierkind einmal dran war. „So", sagte die Eule. „Jetzt habt ihr vor der Gruppe etwas vorgemacht, das war schon prima. Als nächstes wollen wir üben, vor der Gruppe zu sprechen! Ihr habt fünf Minuten Zeit, euch vorzubereiten. Ich möchte, dass ihr uns erzählt, was ihr gestern gemacht habt." Die Tierkinder überlegten. Schließlich begann das Spiel.

Clarissa fing an. Damit man sie besser sehen konnte, stieg sie auf einen Stuhl. Sie sagte: „Gestern morgen bin ich aufgewacht. Ich hatte verschlafen. Also zog ich mich ganz schnell an und nahm nur einen kleinen Regenwurm als Frühstück. Dann lief ich schnell in die Schule. Wir hatten Zeichnen und sollten ein Bild von unserer Familie malen. Das hat Spaß gemacht. Dann kamen andere Fächer. Die mag ich nicht so. Dann bin ich nach Hause gegangen. Dann habe ich Zuhause  gegessen. Dann habe ich mit dem See-Elefanten ein Lied gesungen. Dann bin ich wieder nach Hause und habe gelesen. Dann bin ich ins Bett gegangen." Die anderen applaudierten. „Toll!", sagte die Eule. „Das hast du gut gemacht." So kam ein Kind nach dem anderen an die Reihe.

Anschließend machten sie die Muskelentspannung. „Boah!", rief Doris. „Meine Hand wird ganz warm!" Die Eule nickte erfreut.

„Das bedeutet, dass es immer besser klappt", sagte sie. „Und jetzt üben wir noch das Zauberwort." Das taten sie dann auch.

Anschließend bekamen alle eine neue Wanderkarte. „In der nächsten Woche probiert ihr aus, ob ihr euch traut, vor einer Gruppe etwas zu sagen. In der Klasse oder auf dem Schulhof oder auf einem Kindergeburtstag. Versucht dabei, laut und deutlich zu sprechen", sagte die Eule. Die Tierkinder packten die neuen Wanderkarten in ihre Taschen.

Die Kinder gingen fröhlich nach Hause.

Eine berechtigte Forderung durchsetzen

In der nächsten Woche war Til Tiger auf der Suche nach Gelegenheiten, vor einer Gruppe zu sprechen. Auf seiner Wanderkarte, die er über sein Bett gehängt hatte, stand: „Ich traue mich, vor einer Gruppe zu sprechen."

Auf dem Trickkärtchen, das er in der Hosentasche hatte, stand: „Ich lasse mich nicht entmutigen!!!" Am ersten Tag nach dem Treffen mit der Eule saß er in der Schule und überlegte und überlegte, was er vor der Gruppe sagen könnte. „Ich könnte meine Hausaufgaben vorlesen!", dachte er. Als der Lehrer fragte, wer seine Hausaufgaben vorlesen möchte, nahm er seinen ganzen Mut zusammen und meldete sich. Er war sehr aufgeregt. Ihm wurde ganz heiß im Gesicht, in den Knien war ihm ganz wackelig er dachte: „Bestimmt kriege ich kein Wort heraus!" Doch da fiel ihm das Zauberwort ein: „Stopp!", sagte er leise zu sich selbst und „entspannen!".

Er versuchte, alle Muskeln ganz locker zu lassen, wie er es bei der Eule gelernt hatte. Es klappte! Das Gesicht war nicht mehr heiß, die Knie fühlten sich nicht mehr wie Wackelpudding an und Til dachte froh: „Ich schaff' das!" Der Lehrer nahm ihn dran und Til las laut und deutlich vor. Der Lehrer sagte: „Prima, Til! Das hast du gut gemacht!" Til freute sich sehr und war riesig stolz.

In den folgenden Tagen versucht Til immer wieder, etwas vor einer Gruppe zu sagen, und er schaffte es ziemlich oft. Manchmal hat er leise gesprochen, aber er hat trotzdem den Tiger angemalt. Einmal hat er sich doch nicht getraut, da hat er sich gedacht: „Macht nichts! Morgen klappt es!"

Am nächsten Tag machte er sich gemeinsam mit Tom Nilpferd auf den Weg zu der Eule. Die Eule freute sich sehr, die Tierkinder zu sehen. „Na, was habt ihr in der letzten Woche erlebt?", fragte sie gespannt. „Ich habe mich getraut, vor der Klasse ein Gedicht aufzusagen!", rief Tom. „Toll!", sagte die Eule, „Das hast du gut gemacht!" „Und ich habe mich getraut, in Musik eine Strophe vorzusingen!", rief Clarissa. „Toll!", sagte die Eule, „das hast du gut gemacht!" „Ich habe mich getraut, eine Aufgabe zu erklären!", berichtete Til. „Toll!", sagte die Eule, „das hast du gut gemacht!" „Ich habe mich gar nichts getraut", sagte Doris sehr leise. „Das macht nichts", sagte die Eule, „dann bekommst du diese Woche eine leichtere Aufgabe! Sei nicht traurig." Doris sah schon nicht mehr ganz so traurig aus.

Nun erzählten sich die Tierkinder, was in der letzten Woche geklappt hatte und was sie sich nicht getraut hatten. Schließlich verkündete die Eule: „So, jetzt kommen wir zu unserem Hauptthema", sagte sie, „heute wollen wir lernen, eine Forderung durchzusetzen!" „Was ist denn das, eine Forderung?", fragte Thea. „Wenn man möchte, dass der andere etwas tut und ihm das auch sagt", sagte die Eule. „Das ist eine Forderung. Dabei geht es nicht darum, andere zu erpressen oder zu unterdrücken, sondern die eigenen Rechte durchzusetzen. Fällt euch dazu ein Beispiel ein?"

Die Tierkinder dachten angestrengt nach. Schließlich fiel Clarissa etwas ein: „Wenn ich Thea sage, dass sie mir meinen Bleistift zurückgeben soll." „Stimmt genau!", sagte die Eule und nickte.

„Wenn ich zu Tom sage, dass er aufhören soll, mir ins Ohr zu singen", sagte Til. „Stimmt genau!", sagte die Eule und nickte. „Wenn ich zu Clarissa sage, dass sie mir meine Mütze zurückgeben soll", schlug das Igelkind vor. „Stimmt genau!", sagte die Eule und nickte.

„Wenn ich zu Til sage, dass er von meinem Stuhl runtergehen soll", schlug Thea vor. „Stimmt genau!", sagte die Eule und nickte. „Das probieren wir jetzt mal aus, wie das ist. Als erstes nehmen wir das Beispiel von Thea. Stellt euch vor, ihr kommt in euren Klassenraum und auf eurem Stuhl sitzt ein anderes Kind. Was macht ihr dann?" Die Tierkinder machten viele Vor-  schläge: „Woanders hinsetzen", sagte Pit. „Runterschmeißen!", sagte Clarissa. „Nichts", sagte Tom. „Die Lehrerin holen", schlug Doris vor. Die Eule schüttelte den Kopf. „Nein, nein", sagte sie, „überlegt mal: Ist es euer Recht, auf eurem Stuhl zu sitzen?" Die Kinder nickten. „Und habt ihr es durchgesetzt, wenn ihr euch woanders hinsetzt?" Die Kinder schüttelten den Kopf. „Und wenn ihr es runterschmeißt?" Thea, Til und Clarissa schüttelten den Kopf, Tom, Doris und Pit nickten. Die Eule lächelte: „Wie ich sehe, seid ihr euch nicht einig. Es stimmt schon, ihr hättet dann euer Ziel erreicht, ihr könntet wieder auf eurem Stuhl sitzen, aber der Weg ist falsch. Jemanden von einem Stuhl runterwerfen ist nicht richtig, dabei kann man jemandem weh tun und das hat nichts mit mutig zu tun. Was haltet ihr nun von Nichts tun, habt ihr dann euer Recht durchgesetzt?" Die Tierkinder schüttelten den Kopf. „Und wenn ihr gleich die Lehrerin holt?", fragte die Eule. Thea antwortete: „Dann hat man es nicht selbst gemacht." Die Eule nickte: „Das ist richtig. Immer erst überlegen, was ihr selbst tun könnt. Wenn das nicht klappt, könnt ihr die Lehrerin holen. Also, wenn  das Kind auf eurem Stuhl sitzt, sagt ihr laut und deutlich: „Steh bitte auf, das ist mein Platz." „Und wenn es das nicht macht?", fragte das Igelkind. „Ihr lasst euch nicht beirren. Ihr sagt immer den selben Satz und lasst euch auf keine Diskussion ein. Erst wenn es gar nicht anders geht, holt ihr die Lehrerin. Wir probieren es gleich aus." Sie bauten die Situation auf und übten, das Kind ruhig und bestimmt dazu zu bringen, von dem Stuhl runter zu gehen. Das Spiel machte Spaß. Langsam wurde es immer schwieriger, weil das Kind auf dem Stuhl immer sturer gespielt werden sollte. Schließlich hatte jeder es geschafft, seinen Stuhl zurückzuerobern. Die Tierkinder waren sehr stolz, weil sie es so schnell gelernt hatten.

Die Eule gab ihnen eine neue Trickkarte, auf der ein Schallplattenspieler abgebildet war, damit sie daran erinnert wurden, immer den selben Satz zu sagen.

Anschließend machten sie die Muskelentspannung. Wenn die Eule das Zauberwort sagte, konnten die Tierkinder inzwischen super entspannen. Alles wurde ganz locker und warm. Anschließend bekamen alle eine neue Wanderkarte. „In der nächsten Woche probiert ihr aus, was ihr heute gelernt habt: nämlich eine Forderung durchzusetzen Versucht dabei, laut und deutlich zu sprechen und ganz ruhig zu bleiben, egal was passiert", sagte die Eule. „Denkt an eine Schallplatte, die einen Sprung hat: Ihr sagt immer wieder in aller Ruhe den selben Satz." Die Kinder verabschiedeten sich und machten sich auf den Heimweg. Noch von Weitem konnte man hören, wie eines rief: „Steh bitte auf, das ist mein Platz!", und die anderen kicherten dazu.

Etwas ablehnen

Die nächste Woche war für Til Tiger sehr aufregend. Auf seiner Wanderkarte, die er über sein Bett gehängt hatte, stand: „Ich setzte mein Recht durch." Auf dem Trickkärtchen, das er in der Hosentasche hatte, war ein Schallplattenspieler abgebildet.

So wurde er an die Schallplatte mit dem Sprung erinnert. Am ersten Tag traf er den Salamander, dem er letzte Woche einen Euro geliehen hatte. „Ah!", dachte er. „Das ist eine gute Gelegenheit, mein Recht durchzusetzen." Er ging zu dem Salamander hin und begrüßte ihn. Nachdem sie einige Neuigkeiten ausgetauscht hatten, sagte Til zu dem Salamander: „Salamander, letzte Woche habe ich dir einen Euro geliehen, gib ihn mir bitte zurück." Der Salamander zierte sich und sagte: „Och, kann das nicht bis nächste Woche warten?" „Nein", sagte Til Tiger, „bitte gib mir den Euro zurück." „Och", sagte der Salamander, „ich wollte mir aber gerade ein Eis kaufen." Der Tiger ließ sich nicht beirren. In der Hosentasche hielt er die Karte mit der Schallplatte fest in der Hand und sagte: „Gib mir bitte meinen Euro zurück." Schließlich gab der Salamander klein bei: „Na gut", sagte er, „da hast du deinen Euro" und er gab ihm das Geld. Er schüttelte verwundert den Kopf und sagte: „So kenne ich dich gar nicht! Ich habe von dir schon oft Geld geliehen und es nicht zurück gegeben! Wieso bist du denn jetzt so anders?" Til Tiger grinste: „Ich bin dabei, ein mutiger Tiger zu werden!" Er drehte sich um und winkte dem Salamander zu: „Tschüß, Salamander, bis bald!" Der Salamander sah ihm noch lange hinterher und schüttelte den Kopf. „Na so was", hörte man ihn murmeln. „Da bist du platt." In dieser Woche wunderten sich noch einige Tiere über den früher so schüchternen Tiger. Til Tiger bekam alle Sachen zurück, die er schon seit Ewigkeiten verliehen hatte. In der Schule bekam er immer seinen Platz, im Zeichnen hatte er seinen Zeichenblock, seinen Tuschkasten und sein Malerhemd zurückerobert. Und dabei war er kein einziges Mal laut geworden. Er konnte fast alle Tiger anmalen und war sehr stolz auf sich.

Schon war es wieder an der Zeit, zur Eule zu gehen. Die Eule freute sich sehr, die Tierkinder zu sehen. „Na, habt ihr es geschafft, eure Rechte durchzusetzen?", fragte sie gespannt. Nun erzählten sich die Tierkinder, was in der letzten Woche geklappt hatte, und was sie sich nicht getraut hatten. Schließlich verkündete die Eule: „So, jetzt kommen wir zu unserem Hauptthema. Heute wollen wir etwas Neues lernen, nämlich „nein" zu sagen! Dazu stellen wir uns in einen Kreis. Ich tippe meinem rechten Nachbarn auf die Schulter, der schaut mir ins Gesicht und sagt laut und deutlich „nein". Der Pelikan und ich machen es euch vor." Die Eule tippte dem Pelikan auf die Schulter. Der sagte laut und deutlich: „Nein." „So ist es prima", sagte die Eule. „Und jetzt machen wir es alle zusammen. Der, der gerade nein gesagt hat, tippt seinem nächsten Nachbarn auf die Schulter und so weiter, immer im Kreis herum." Sie probierten das neue Spiel aus. Es dauerte ein Weilchen, bis alle es schafften, wirklich laut und deutlich „nein" zu sagen, aber bald klappte es. Dann wandelten sie das Spiel ab und sagten immer: „Nein, ich möchte das nicht." Als sie auch diese Aufgabe prima bewältigt hatten, fragte die Eule: „Überlegt einmal, wann möchtet ihr gerne ‚nein' sagen und traut euch nicht so ganz?" „Wenn Oma Stinktier mir das dritte Tortenstück auf den Teller lädt", sagte Thea. „Wenn mein Bruder will, dass ich mit zum Karten spielen komme", sagte Tom. „Ich finde Karten spielen nämlich doof." „Wenn Martin mich fragt, ob er an meinem Brot abbeißen darf. Dann ist immer das ganz Brot weg!", sagte Cla-

rissa. „Wenn Nina mich fragt, ob ich für sie die Hausaufgaben mache! Immer soll ich für sie mitarbeiten!", berichtete Pit. Die Eule lobte die Tierkinder für die guten Beispiele. Dann übten sie genau das, was die Kinder erzählt hatten, im Rollenspiel. Anschließend machten sie die Muskelentspannung. Das klappte immer besser! Anschließend bekamen alle eine neue Wanderkarte. „In der nächsten Woche probiert ihr aus, was ihr heute gelernt habt: auch mal ‚nein' zu sagen. Versucht dabei, laut und deutlich zu sprechen und immer freundlich zu bleiben.", sagte die Eule. „Wenn es nicht immer klappt, ist das nicht schlimm." Die Kinder gingen nach Hause. Til Tiger war sehr gespannt, wie es wohl mit dem „nein" sagen klappen würde. Die Kinder verabschiedeten sich und machten sich auf den Heimweg.

Til Tiger lernt, wie ein mutiger Tiger zu brüllen

Als sich alle Kinder bei der Eule versammelt hatten, hob die Eule beide Flügel hoch und rief: „Schön, dass ihr alle da seid! Wie war die letzte Woche?" Die Tierkinder begannen zu erzählen. „Oma Stinktier war total sauer, weil ich nur zwei Kuchenstücke wollte!", erzählte Thea. „Das war gar nicht schön! Aber Mama hat ihr erklärt, das sie das akzeptieren muss, wenn ich nur zwei Stücke will! Das war klasse!" Auch die anderen Tierkinder hatten es geschafft, ab und zu nein zu sagen. Die  Eule freute sich sehr, weil alle sich so große Mühe gegeben hatten. Heute machen wir etwas ganz besonderes", sagte sie. „Dazu brauchen wir eure Listen, die wir am Anfang gemacht haben. Holt die bitte her." Die Tierkinder kramten ihre Ordner mit den Arbeitsblättern und der Liste aus ihren Taschen. „So", sagte die Eule, „jetzt schaut mal, was ihr schon gelernt habt. Was könnt ihr schon?" „Laut und deutlich sprechen!", sagte Pit. „Vor der Klasse vorlesen!", sagte Clarissa. „Meine Meinung sagen!", sagte Tom. „Meine Freundin einladen!", sagte Til. „Jemanden von meinem Platz runterkriegen!", sagte Pit. „Geld zurückfordern, das man verliehen hat!", sagte Doris. „Prima!", sagte die Eule. „Und jetzt überlegt, was ihr noch lernen wollt. Sucht euch eine Sache aus." Die Kinder suchten sich eine Sache aus, die sie noch lernen wollten.

Thea wollte lernen, ihrer Lehrerin Bescheid zu sagen, wenn sie zur Toilette muss. Pit wollte lernen, etwas vorzusingen. Doris wollte lernen, alleine schwimmen zu gehen. Clarissa wollte lernen, sich gegen die Großen auf dem Pausenhof zu wehren. Tom wollte lernen, jemanden am Telefon einzuladen. Til wollte lernen, laut zu brüllen wie ein richtiger Tiger.

Jeder sagte in der Runde, was er sich ausgesucht hatte. „Gut", sagte die Eule. „Jetzt überlegt mal genau, wie das war, als ihr euch diese Sache nicht getraut habt. Was ist da passiert? Wer hat was gesagt? Wie habt ihr euch gefühlt? Was habt ihr gedacht? Wenn ihr es wieder so gut wisst, dass ihr es uns erzählen könnt, hebt die Pfote oder den Flügel." Die Tierkinder überlegten ein Weilchen, und nach und nach hoben alle die Pfote oder den Flügel. „Schön", sagte die Eule, „wer möchte als erster erzählen, wie die Situation war?" Pit meldete sich. Die Eule nickte ihm zu. Er begann zu erzählen: „Also, das war so: Wir sollten in der Schule als Hausaufgabe ein Lied auswendig lernen. Das habe ich auch gemacht. Und in der Schule dann sollten wir es vorsingen. Ich habe mich gemeldet. Die Lehrerin hat mich dran genommen. Ich bin aufgestanden und vorgegangen. Aber als ich vorne stand, habe ich keinen Ton raus gekriegt. Und ich hätte so gerne vorgesungen, aber ich habe mich einfach nicht getraut!" „Und wie hast du dich da gefühlt?", fragte die Eule. „Schrecklich!", rief Pit. „Am liebsten hätte ich losgeheult! Ich wollte mich so gerne trauen!" „Und wie hat dein Körper reagiert?", fragte die Eule. „Mir war ganz übel", sagte Pit. „Und was hast du gedacht?", fragte die Eule. „‚Ich schaffe das nicht!' habe ich gedacht", sagte der kleine Maulwurf. „Und was hast du dann gemacht?", fragte die Eule. „Nichts", sagte der kleine Maulwurf. „Gar nichts. Irgendwann habe ich mich wieder hingesetzt." „Vielen Dank", sagte die Eule. „Und nun die erste Frage: Was hat Pit ganz toll gemacht?" „Er hat sich gemeldet!", sagte Clarissa. „Und er hat sich vor die Klasse gestellt!", sagte Tom. „Genau!", sagte die Eule. „Pit, du hast viele Sachen ganz toll gemacht! Habt ihr eine Idee, was Pit in Zukunft anders machen kann?"

„Er könnte das Zauberwort denken!", rief Clarissa. „Ja! Gute Idee!", sagte die Eule. „Und dann?" „Wenn er sich entspannt hat, könnte er denken: ‚Ich schaffe das schon!'" „Ja!", rief die Eule. „Prima! Und dann?" „Dann holt er tief Luft und singt los!" „Genau!", sagte die Eule. „Ich mache es euch einmal vor." Die Eule setzte sich erst auf Pits Platz. Sie sprach ihre Gedanken laut aus. Sie sagte: „Oh, ich würde so gerne vorsingen! Ich melde mich jetzt." Sie meldete sich. Clarissa spielte die Lehrerin. Sie sagte zur Eule: „Pit, du darfst vorsingen!" Die Eule stand auf. Dabei sagte sie: „Ich fürchte mich. Vielleicht schaffe ich das nicht. Oh je, oh je, das schaffe ich nie! Mir ist ganz schlecht!" Sie machte eine Pause und guckte die Kinder verzweifelt an. Dann sagte sie: „Stopp! Entspanner!", und die Tierkinder konnten sehen, wie sie ganz locker wurde und ganz anders dastand. „Ich schaffe das schon!", sagte sie als nächstes. Und dann begann sie zu singen. Als sie fertig war, klatschten die Kinder. Die Eule setzte sich wieder. Sie fragte Pit: „Kannst du dir vorstellen, das so zu versuchen?" Pit nickte. „Gut", sagte die Eule, „dann probieren wir es jetzt aus." Also machte Pit genau nach, was die Eule vorgemacht hatte. Und siehe da! Er traute sich, vor der Gruppe zu singen! Die Kinder waren begeistert und klatschten wild in die Hände. „Super!", rief die Eule. „Toll gemacht! Du hast das Zauberwort gesagt und toll entspannt, dann hast du dir gesagt: ‚Ich schaffe das schon!' und dann hast du uns vorgesungen! Ganz toll." Pit wurde ganz rot vor Freude. „So", sagte die Eule, „und jetzt kommt das nächste Kind dran." So spielte jedes Kind seine Situation durch, und alle schafften, was sie sich vorgenommen hatten. Til Tiger lernte endlich laut zu brüllen, wie jeder ordentliche Tiger es kann. Die Tiger versammeln sich nämlich jeden Abend bei Sonnenuntergang und stoßen ein wildes Gebrüll aus. Nur bisher konnte Til nicht mitbrüllen, weil er sich nicht getraut hat. Aber das würde sich ändern!

„Dann kommen wir jetzt zur Entspannung!", sagte die Eule. Heute machten sie nur eine ganz kurze Entspannung, weil das Spielen so lange gedauert hatte. Dann bekam jeder seine Wanderkarte. „Heute schreibt ihr die Sachen auf eure Wanderkarte, die wir ausprobiert haben. Falls ihr es alleine nicht schafft, helfe ich euch." So füllten sie ihre Wanderkarten aus. Anschließend machten sich die Tierkinder fröhlich auf den Heimweg.

Alleine einkaufen

In der nächsten Woche probierte der Tiger das Tigerbrüllen aus, das er bei der Eule gelernt hatte. Er stieg auf den Hügel neben seiner Höhle und brüllte und brüllte, dass die Bäume zitterten. Er legte sich auf den Rücken in eine Wiese und brüllte. Er steckte seinen Kopf in einen hohlen Baumstamm und brüllte. Beim abendlichen Tigerbrüllen war nun auch Til Tiger zu hören. Die anderen Tiger freuten sich: „Du wirst ja ein mutiger Tiger, Til Tiger!", sagten sie. Til freute sich. Er konnte alle Tigerköpfe auf seiner Wanderkarte anmalen. Bald war es wieder an der Zeit, sich auf den Weg zur Eule zu machen. Er traf auf dem Hinweg Thea Stinktier, die ihm erzählte, dass die Lehrerin sie gefragt hatte, ob sie sich erkältet habe, weil sie sich dauernd gemeldet hatte, um zu sagen, dass sie zur Toilette muss! Til Tiger und Thea kugelten sich vor Lachen. Bei der Eule angekommen begrüßten die Kinder sich gegenseitig. Dann erzählten sie, wie es ihnen in der letzten Woche ergangen war. Auch bei den anderen hatte es gut geklappt! „Und was machen wir heute?", fragte Doris neugierig und klapperte mit dem Schnabel. „Heute üben wir alleine einkaufen", sagte die Eule. „Was muss man dabei beachten, was meint ihr?"

Die Kinder überlegten. Pit sagte: „Laut und deutlich sprechen!" Die Eule nickte. „Den Verkäufer angucken", sagte Thea. Die Eule nickte. „Sagen, was man will!", rief Tom. Die Eule nickte. „Ja, ihr wisst schon genau, worauf ihr achten müsst! Ich mache es euch einmal vor. Wer spielt den Verkäufer?" Clarissa meldete sich, und schon ging es los. Clarissa stand hinter einem Tisch. Die Eule ging zu ihr hin und sagte: „Guten Tag. Ich hätte gerne drei Brötchen." „Helle oder dunkle?", fragte Clarissa. „Dunkle", sagte die Eule. Clarissa gab ihr drei Steine. „Vielen Dank und auf Wiedersehen", sagte die Eule. Die Eule ging wieder weg vom Tisch. Dann sagte sie: „Habt ihr gesehen? Ich habe laut und deutlich gesagt: ‚Guten Tag. Ich hätte gerne drei Brötchen', dabei habe ich die Verkäuferin angeschaut. Nachdem sie gefragt hat: ‚Helle oder dunkle?', habe ich geantwortet: ‚Dunkle'. Die Verkäuferin hat mir die Brötchen gegeben, ich habe mich bedankt und auf Wiedersehen gesagt. Alles klar?" Die Tierkinder nickten. Dann ging es los, jeder durfte Brötchen kaufen, und jeder durfte Verkäufer sein, bis sie alle die Übung beherrschten. Danach machten sie die Entspannungsübung, diesmal die lange Form. Die Tierkinder waren schon richtige Entspannungsprofis und entspannten sich im Nu! Zum Abschluss bekam jeder die neue Wanderkarte, auf der stand: Ich gehe allein einkaufen. Die Tierkinder packten die Bögen in ihre Mappe und trollten sich.

Til Tiger lernt sich zu wehren

In der nächsten Woche marschierte Til Tiger jeden Tag los, um eine Kleinigkeit einzukaufen. Am ersten Tag kaufte er Brötchen für die Tigerfamilie beim Bäcker, wie sie es bei der Eule geübt hatten. Am zweiten Tag kaufte er einen Lutscher am Kiosk. Am dritten Tag kaufte er eine Zeitung für Papa. Am vierten Tag hatte er nicht genügend Geld, um etwas zu kaufen. Am fünften Tag schickte Mama ihn zum Supermarkt, um für sie ein Shampoo zu kaufen. Am sechsten Tag kaufte er für sich und Mia eine Kinokarte. Er war sehr stolz auf sich, weil er fast alle Tigerköpfe anmalen konnte. Fröhlich machte er sich am siebten Tag auf den Weg zu Eule.

Die Tierkinder begrüßten sich und erzählten sich gegenseitig, wie es ihnen ergangen war. Sie hatten sich fast immer getraut. Die Eule lobte sie sehr, weil sie schon so mutig waren.

„Was machen wir denn heute?", wollte Tom Nilpferd wissen. „Heute üben wir, wie ihr euch wehren könnt, wenn euch jemand hänselt. Wisst ihr, was das ist, hänseln?", fragte die Eule. „Wenn jemand immer sagt: ‚Doris ist doof! Doris ist doof!'", schlug Doris vor. Die Eule nickte. „Fällt euch noch etwas ein?" „Wenn mir die Großen auf dem Schulweg meine Mütze wegnehmen und sie hin und her werfen", sagte Pit. „Ja, das stimmt", sagte die Eule. „Nun überlegt einmal, wann ihr das letzte Mal gehänselt worden seid. Versucht, euch genau zu erinnern, wer was gesagt und getan hat. Wenn ihr die

Situation genau vor Augen habt, meldet euch bitte." Die Tierkinder dachten angestrengt nach. Schließlich hob eins nach dem anderen die Hand. „Fein", sagte die Eule. „Wer möchte beginnen?" Doris Pelikan machte den Anfang. Sie erzählte, wie ein Kind in der Schule ihren Flügel immer wieder absichtlich mit Tinte bespritzt hatte. Sie beschrieb die Situation ganz genau. Die Eule spielte die Geschichte gemeinsam mit Tom Nilpferd nach. „War es so?", fragte sie anschließend. Doris nickte. „Gut", sagte die Eule, „habt ihr Vorschläge, was Doris in dieser Situation tun könnte?" Pit meldete sich. „Sie könnte dem Kind gegen das Schienbein treten!", schlug er vor. „Was meint ihr, was würde dann passieren?", fragte die Eule. „Ich glaube, dann würden wir uns prügeln und beide aus der Klasse rausfliegen." Die Eule nickte nachdenklich. „Ja, das ist gut möglich. Hauen und Treten ist also keine Lösung. Fällt euch noch etwas ein?" Til meldete sich und sagte: „Sie kann dem Kind sagen, dass es aufhören soll." Die Eule nickte. „Machst du uns vor, was Doris sagen könnte?" Til spielte die Situation mit Tom Nilpferd vor. Statt nichts zu tun wie Doris, sagte er laut und deutlich: „Hör auf, mich mit Tinte zu bespritzen!" und noch einmal: „Hör jetzt auf!" Dabei sah er Tom direkt an. Die Eule fragte Doris: „Kannst du dir vorstellen, so zu reagieren?" Doris nickte. „Gut!", lobte die Eule. „Dann probieren wir es jetzt 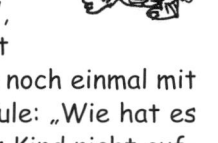 aus!" Also spielten Doris und Tom die Situation noch einmal mit der neuen Reaktion. Anschließend fragte die Eule: „Wie hat es geklappt?" „Prima!", sagte Doris. „Und wenn das Kind nicht aufhört?", fragte Pit. „Dann sagst du ruhig und bestimmt: ‚Hör auf, oder ich hole die Lehrerin.' Das machst du aber erst, wenn du es alleine nicht schaffst." Dann spielten sie noch die Situationen der anderen Tierkinder.

Anschließend machten sie die Entspannung und bekamen die neue Wanderkarte. Darauf stand: Heute habe ich mich gegen jemanden gewehrt, der mich gehänselt hat.

„Und was machen wir nächste Woche?", fragte Til Tiger. „Nächste Woche feiern wir ein Fest!", verkündete die Eule. „Mit Kakao und Kuchen, Musik und Spielen und einer Überraschung! Wir feiern, dass ihr so mutig geworden seid!" „Oh, toll!", riefen die Tierkinder. Sie freuten sich schon sehr auf die nächste Woche. Sie fingen gleich an zu planen, was sie zu dem Fest mitbringen könnten. Die Eule verabschiedete sich und flog in ihre Baumhöhle. Die Kinder machten sich auf den Nachhauseweg. Man konnte ihr fröhliches Geschnatter und Geplapper noch lange hören.

Das Fest

Til Tiger freute sich sehr auf das Fest. Er konnte es kaum erwarten bis die Woche herum war. Endlich war es soweit! Seine Tigermama hatte ihm geholfen, einen Schokoladenkuchen für das Fest zu backen. Gemeinsam mit Tom Nilpferd, der eine große Schüssel Nudelsalat schleppte, machte er sich auf den Weg zur Eule. Schon von weitem sahen sie Luftballons am Baum der Eule hängen. Als sie näher kamen, sahen sie einen großen Tisch mit allerlei Leckereien darauf. Die anderen Tierkinder waren schon da. Alle setzten sich um den Tisch. Die Eule klopfte mit ihrem Löffel gegen ihr Glas. Es wurde ganz still. Sie räusperte sich und begann zu sprechen: „Wir haben heute einen Grund zum Feiern", sagte sie und schaute ein Kind nach dem anderen an. „Der Grund für dieses Fest ist, dass ihr jetzt mutige Tierkinder seid. Ihr habt tolle Fortschritte gemacht. Jeden Tag habt ihr einen kleinen Schritt gemacht, und jetzt seid ihr oben auf dem Berg angekommen: Ihr seid mutig!" Die Tierkinder klatschten vor lauter Freude. „Und deshalb lasst es Euch gut schmecken." Die Eule setzte sich wieder, und alle begannen zu essen. Nach dem Essen bekamen sie von der Eule eine Urkunde, weil sie so mutig waren. Dann spielten sie die Spiele, die ihnen während des Trainings am besten gefallen hatten. Zum Schluss holte die Eule noch Nadel, Faden und Stoff hervor. Sie bastelten ein Mutmachtier, das jedes Tierkind mit nach Hause nehmen durfte. Es sollte sie immer an das Training erinnern, und ihnen helfen, an die Tricks zu denken, die sie in dem Training gelernt hatten. Schließlich waren die

Tierkinder müde vom Spielen, Lachen, Erzählen und Basteln. Es wurde Zeit, nach Hause zu gehen. Die Tierkinder verabschiedeten sich von der Eule. Weil sie sich inzwischen miteinander angefreundet hatten, machten sie aus, dass sie sich in der nächsten Woche im Schwimmbad treffen würden. Leise vor sich hin pfeifend wanderte ein mutiger kleiner Tiger mit Namen Til nach Hause.

Heute habe ich mich etwas getraut!

Das habe ich mir vorgenommen:

_____

Elterntagebuch						
Datum: _____	nie	selten	manch-mal	oft	sehr oft	Gab es eine Gelegenheit dazu?
Hat mit anderem Kind gesprochen.	☐	☐	☐	☐	☐	☐
Hat sich mit mir unterhalten.	☐	☐	☐	☐	☐	☐
Hat laut und deutlich gesprochen.	☐	☐	☐	☐	☐	☐
Hatte Blickkontakt mit mir.	☐	☐	☐	☐	☐	☐
Hatte Blickkontakt mit anderen.	☐	☐	☐	☐	☐	☐
War mit einer Gruppe von Kindern zusammen.	☐	☐	☐	☐	☐	☐
Verstand sich mit anderen gut.	☐	☐	☐	☐	☐	☐
Spielte mit anderen Kindern.	☐	☐	☐	☐	☐	☐
Wirkte selbstsicher.	☐	☐	☐	☐	☐	☐
Hat gelacht/wirkte fröhlich.	☐	☐	☐	☐	☐	☐
Hat gegenüber anderen seine Interessen vertreten.	☐	☐	☐	☐	☐	☐
Hat vor einer Gruppe etwas getan.	☐	☐	☐	☐	☐	☐
Hat sich heute etwas getraut.	☐	☐	☐	☐	☐	☐

Besonderes: _____

_____

_____

Buch und CD Tipps

Vanessa Speck
Progressive Muskelentspannung für Kinder
2005, CD-ROM, € 15,95 / sFr. 28,50
ISBN 978-3-8017-1880-0

Leonie Fricke · Gerd Lehmkuhl
Entspannungsübungen bei Schlafstörungen für Kinder und Jugendliche
2006, CD-ROM, € 16,95 / sFr. 27,40
ISBN 978-3-8017-1988-3

Leonie Fricke-Oerkermann
Jan Frölich · Gerd Lehmkuhl · Alfred Wiater
Ratgeber Schlafstörungen
Informationen für Betroffene, Eltern, Lehrer und Erzieher

(Reihe »Ratgeber Kinder- und Jugendpsychotherapie«, Band 8)
2007, 57 Seiten, Kleinformat,
€ 7,95 / sFr. 12,90
ISBN 978-3-8017-1961-6

Buchtipps

Manfred Döpfner · Franz Petermann

Ratgeber Psychische Auffälligkeiten bei Kindern und Jugendlichen

Informationen für Betroffene, Eltern, Lehrer und Erzieher

(Reihe »Ratgeber Kinder- und Jugendpsychotherapie«, Band 2)
2., aktualisierte Auflage 2008, 74 Seiten, Kleinformat,
€ 8,95 / sFr. 15,20
ISBN 978-3-8017-2208-1

Sigrun Schmidt-Traub

Zwänge bei Kindern und Jugendlichen

Ein Ratgeber für Kinder und Jugendliche, Eltern und Therapeuten

2006, 165 Seiten, Kleinformat,
€ 16,95 / sFr. 27,40
ISBN 978-3-8017-1979-1

Sigrun Schmidt-Traub

Selbsthilfe bei Angst im Kindes- und Jugendalter

Ein Ratgeber für Kinder, Jugendliche, Eltern und Erzieher

2001, 149 Seiten, Kleinformat,
€ 15,95 / sFr. 28,–
ISBN 978-3-8017-1480-2